Amérique du Nord

50 itinéraires de rêve

ULYSSE

Direction éditoriale
Claude Morneau

Direction de projet
(Tours Chanteclerc)
Cristelle Cormier

Conception des itinéraires
(Tours Chanteclerc)
Mireille Chartier

Coordination de projet / Assistance à la rédaction (Tours Chanteclerc)
Marianne Le Guerrier

Recherche et rédaction additionnelles
Annie Gilbert, Claude Morneau

Conception graphique et mise en page
Pascal Biet

Adjointe à l'édition
Judy Tan

Correction
Pierre Daveluy

Photographies
Première de couverture :
Au bord du Grand Canyon, © Dreamstime.com/Galyna Andrushko ; Miami Beach, © Dreamstime.com/Fotomak ; Éolienne au Texas, © Dreamstime.com/Ben Goode ; Le mont Rushmore, © Dreamstime.com/Darren Green ; Les Rocheuses canadiennes, © Dreamstime.com/Nelugo ; Taxis new-yorkais, © Dreamstime.com/Luciano Mortula ; Un totem à Vancouver, © Dreamstime.com/Fallsview ; Une étable en Nouvelle-Angleterre, © Dreamstime.com/Steve Estvanik ; Des bouées dans un village de Cape Cod, © Dreamstime.com/Anthony Aneese Totah Jr.

Quatrième de couverture :
Le Golden Gate Bridge à San Francisco, © Dreamstime.com/Gert Hochmuth.

Pages intérieures : voir page 202.

Remerciements
Nous remercions toute l'équipe de Tours Chanteclerc, qui a contribué à la création des itinéraires proposés dans ce livre.

Guides de voyage Ulysse reconnaît l'aide financière du gouvernement du Canada par l'entremise du fonds du livre du Canada (FLC) pour ses activités d'édition.

Guides de voyage Ulysse tient également à remercier le gouvernement du Québec – Programme de crédit d'impôt pour l'édition de livres – Gestion SODEC.

Guides de voyage Ulysse est membre de l'Association nationale des éditeurs de livres.

Catalogage avant publication de Bibliothèque et Archives nationales du Québec et Bibliothèque et Archives Canada

Amérique du Nord (2014)
Amérique du Nord : 50 itinéraires de rêve
Comprend un index.
ISBN 978-2-89464-486-7
1. Amérique du Nord - Guides. 2. Amérique du Nord - Circuits touristiques. I. Titre.
E41.A43 2014 917.04'5412 C2014-940571-5

Bibliothèque et Archives nationales du Québec
Dépôt légal – Quatrième trimestre 2014
ISBN 978-2-89464-486-7 (version imprimée)
ISBN 978-2-76581-050-6 (version numérique PDF)
Imprimé au Canada

MIXTE
Papier issu de sources responsables
FSC® C011825

Vue sur l'île d'Alcatraz depuis San Francisco

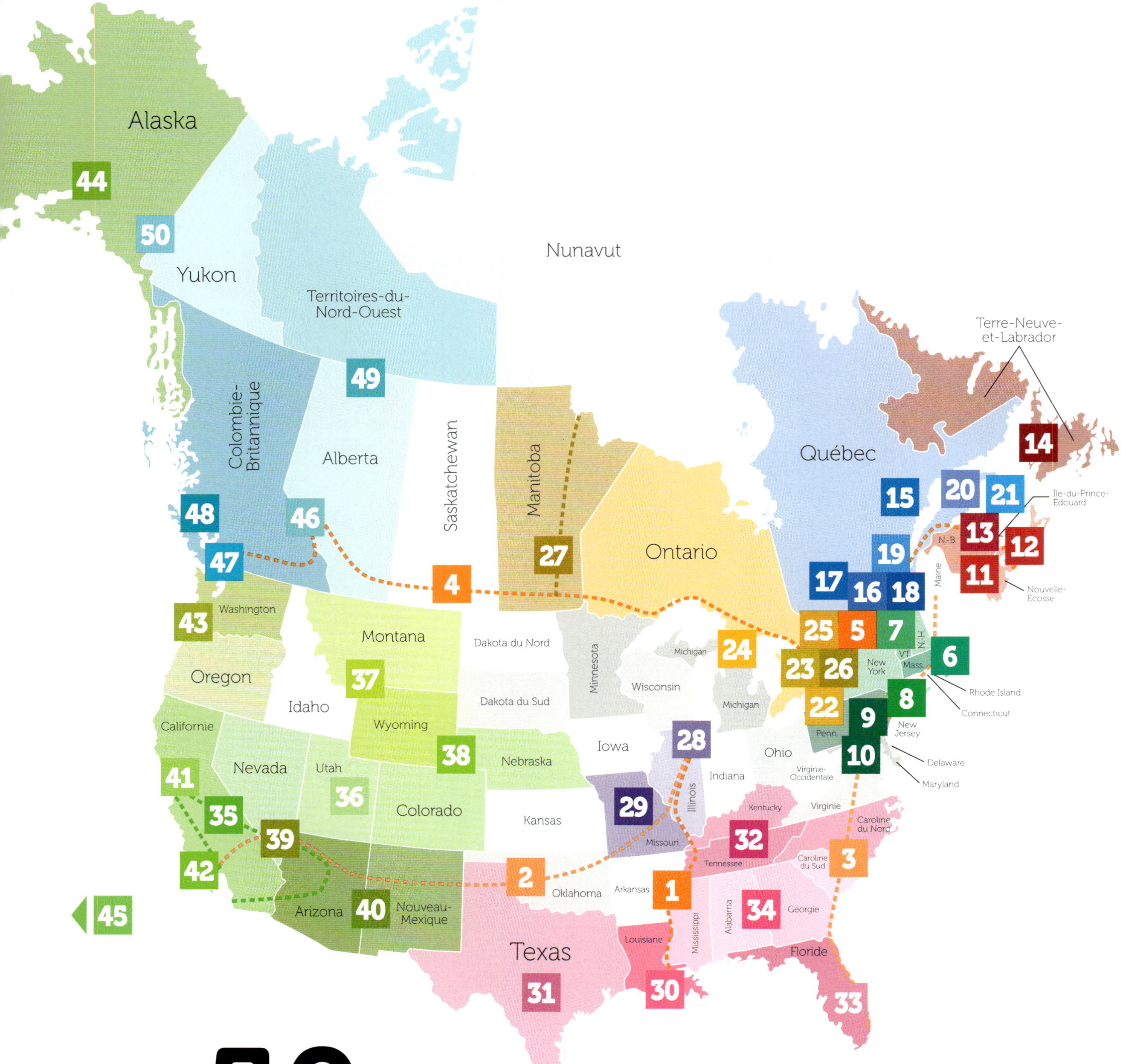

Les 50 itinéraires

Les grands itinéraires 13

Le nord-est des États-Unis 37

Les provinces canadiennes de l'Atlantique 53

Le Québec 69

L'Ontario et le Manitoba 89

Le Mid-Ouest américain 107

Le sud des États-Unis 115

L'Ouest américain 137

L'Ouest canadien 181

Le lac Emerald, dans les Rocheuses canadiennes

Le parc national des Arches, dans l'Utah

Préface

Se lancer sur les routes à la conquête des grands espaces d'Amérique du Nord... Voilà un fantasme qui a la vie dure et qui continue de nourrir l'imaginaire de quantité de voyageurs. Pour certains toutefois, l'aventure de l'Amérique du Nord commence par ses grandes villes, à l'architecture moderne et au rythme trépidant. D'autres encore souhaitent aller à la rencontre de communautés bien plus diversifiées qu'il n'y paraît, des Acadiens des provinces maritimes du Canada aux peuples autochtones de l'Ouest, en passant par les Cajuns de la Louisiane, les Amish de Pennsylvanie, les Hawaiiens et les Franco-Manitobains.

Quelles que soient vos motivations, les régions du Canada et des États-Unis vous réservent des expériences inoubliables. Et comme tout commence toujours par une inspiration, le présent ouvrage a pour mission de vous donner l'impulsion de départ. Il vous réserve 50 idées de voyages, 50 circuits extraordinaires remplis de moments de grâce, bref, 50 itinéraires de rêve aux quatre coins d'Amérique du Nord.

Afin de réaliser cet ouvrage, nous avons fait appel à l'équipe du voyagiste Tours Chanteclerc, dont l'expertise en matière de conception de circuits n'est plus à démontrer. Le savoir-faire de ces professionnels, eux-mêmes de grands voyageurs, a ainsi été mis à contribution dans l'élaboration des itinéraires figurant dans ce livre. Vous retrouverez d'ailleurs au fil de ses pages des capsules dans lesquelles les guides-accompagnateurs, qui ont pour mission presque quotidienne de faire découvrir les beautés du Canada et des États-Unis à des visiteurs souvent éblouis, partagent leurs coups de cœur personnels.

Et pour compléter le tout, d'autres encadrés mettent en lumière des éléments uniques ou inusités propres à chaque région couverte. Ainsi, pour demeurer dans le ton d'un *road trip* en Amérique, nous suggérons pour la plupart des circuits quelques chansons à écouter sur la route, qu'elles portent sur les provinces et États traversés ou qu'elles soient interprétées par des légendes originaires de ces régions. Et toujours dans l'esprit d'un *road trip*, des mets populaires régionaux à essayer, que l'on est susceptible de commander au comptoir d'un petit resto de bord de route, sont aussi indiqués.

Ce livre vise à vous inspirer en vue d'un séjour prochain... ou plus lointain. Les circuits que nous vous présentons doivent ainsi être vus comme autant de propositions de base que vous pourrez remodeler à votre guise. Suivre un itinéraire en sens inverse, choisir un autre point de départ que celui indiqué, combiner deux circuits en un seul voyage, allonger le temps consacré à une étape, rien de cela n'est défendu et toutes les libertés vous sont permises.

Bon voyage !

Paysage des Keys, en Floride

La Route 66 au Nouveau-Mexique

Les grands itinéraires

▶ **Quand y aller ?**
En mai, pour la température agréable et le festival de jazz de La Nouvelle-Orléans.

Le Mississippi à Nashville

▶ **9 jours**

▶ **De Chicago à La Nouvelle-Orléans**

Pour qui ? Pourquoi ?

Pour les amateurs de musiques blues, jazz, country et rock-and-roll !

Inoubliable...

- *Entreprendre la tournée des grandes villes musicales des États-Unis.*
- *Faire une croisière « jazzée » sur le Mississippi à La Nouvelle-Orléans.*
- *Profiter d'une vue exceptionnelle au sommet de la* Gateway Arch.

Au rythme du Mississippi

Qui n'a jamais rêvé de voir les merveilles architecturales de Chicago, dont le passé est inextricablement lié à la musique soul, jazz et blues ? Que dire de la ville de St. Louis, où vous aurez peut-être la chance d'entendre la légende du rock-and-roll Chuck Berry au Blueberry Hill. Quant à Nashville, aucune introduction ne semble nécessaire : il s'agit évidemment de la capitale du country ! Qui dit Memphis, dit Elvis, qui a hypnotisé plus d'une génération avec sa musique endiablée... Et finalement, La Nouvelle-Orléans et son quartier français, doté d'une ambiance mythique, sauront sans conteste vous enchanter avec leur musique de jazz.

Jazzman en Louisiane

Votre guide :

Michel Vaillancourt
(voir p. 201)

Son coup de cœur :
La ville de Memphis

Beale Street est un véritable berceau du blues, et on y retrouve de nombreux cafés, bars et bistros. C'est un lieu très animé où j'aime prendre un verre ou assister à l'un des nombreux concerts lors du festival international Memphis in May. J'aime visiter le Sun Studio, où bien des grands noms du blues et du rock ont enregistré leurs chansons. Et que dire de *Graceland*, où vécut Elvis Presley jusqu'à sa mort, en 1977. Sa maison est un véritable musée consacré à sa vie et à son œuvre : une visite incontournable à Memphis. Un autre endroit à ne pas manquer, c'est le Lorraine Motel, où Martin Luther King a été assassiné en 1968. Le site est aujourd'hui un musée.

Itinéraire

Jour 1

Chicago

Amorcez votre visite de la «Ville des vents» dans son centre-ville parsemé de sculptures, puis arpentez la chic avenue Michigan, surnommée *The Magnificent Mile*, qui rivalise avec la 5e Avenue de New York. Découvrez un des nombreux musées de la ville, flânez à Navy Pier, puis faites une croisière sur le lac Michigan et la Chicago River, afin d'admirer l'architecture du centre-ville. En soirée, faites l'ascension de la tour Willis, au sommet de laquelle vous aurez une vue imprenable sur la région. Terminez la soirée dans l'un des nombreux bars de blues de la ville, tel le Buddy Guy's Legends.

Jour 2

Chicago – St. Louis

478 km

Faites route en direction de St. Louis. En passant par Springfield, la capitale de l'Illinois, faites un arrêt au cimetière d'Oak Ridge, site historique où se trouve la tombe d'Abraham Lincoln. Dès votre arrivée à St. Louis, rendez-vous au sommet de la *Gateway Arch* (la porte de l'Ouest américain), un superbe monument visionnaire qui commémore la conquête de l'Ouest par les pionniers américains, du haut de laquelle vous embrasserez du regard les environs.

Jour 3

St. Louis – Nashville

497 km

Partez pour Nashville, au Tennessee. Pour vous mettre dans l'ambiance country, faites un arrêt dans Broadway ou dans la 2e Avenue, où chaque bar a son orchestre, entre autres le célèbre Wildhorse Saloon.

Jour 4

Nashville

Profitez de la matinée pour poursuivre votre visite de la capitale du Tennessee au Capitole, à l'auditorium Ryman, au Parthénon (réplique de l'original d'Athènes) et à la Music Row. En après-

La *Gateway Arch*, à St. Louis

La Nouvelle-Orléans

Parc national militaire Vicksburg

Des Acadiens en Louisiane

La Louisiane abrite une importante population cadienne (cajun). Les Cadiens (Cajuns) descendent des Acadiens qui furent forcés par les soldats britanniques d'abandonner précipitamment leurs terres de la Nouvelle-Écosse en 1755, lors du « Grand Dérangement », car ils refusaient de prêter allégeance à la Couronne britannique. Des quelque 14 000 colons qui peuplaient alors l'Acadie, environ 10 000 ont subi l'exil forcé. Aujourd'hui, la population cadienne de Louisiane est bien présente et plusieurs villes comptent jusqu'à 25% de francophones dans leur population, entre autre Saint-Martinville et Évangéline.

midi, visitez le Country Music Hall of Fame, qui relate l'histoire de ce genre musical, en plus de vous faire découvrir les artistes qui l'ont rendu si populaire.

Jour 5

Nashville – Memphis

341 km

Départ pour Memphis. En chemin, arrêtez-vous à Lynchburg, où vous pourrez visiter la célèbre distillerie Jack Daniel's, la plus ancienne des États-Unis, et goûter leurs whiskys. À votre arrivée à Memphis, visitez le légendaire Sun Studio, où un grand nombre d'artistes, dont Elvis Presley et Jerry Lee Lewis, enregistrèrent des succès d'un nouveau genre musical pour l'époque : le rock-and-roll.

Jour 6

Memphis

Commencez votre journée par un pèlerinage à l'ancienne demeure d'Elvis Presley, *Graceland*. Ensuite, un arrêt au motel Lorraine s'impose : c'est à l'un des balcons que Dr. Martin Luther King a été assassiné en 1968. Puis visitez le musée Stax, consacré à la musique soul, créée dans les années 1950 et dérivée du gospel. En soirée, rendez-vous dans Beale Street, berceau du blues.

Jour 7

Memphis – Natchez

502 km

En filant en direction de Natchez, arrêtez-vous à Vicksburg, dont l'emplace-

Le Mississippi à Natchez

ment stratégique sur les rives du fleuve Mississippi lui a valu le surnom de « Gibraltar des États confédérés ». Puis, en visitant le parc national militaire Vicksburg, vous découvrirez les champs de bataille où eurent lieu les affrontements entre les armées sudiste et nordiste lors de la guerre de Sécession.

Jour 8

Natchez – La Nouvelle-Orléans 276 km

En route vers La Nouvelle-Orléans, faites un arrêt dans la capitale de la Louisiane, Bâton-Rouge, pour y visiter le Capitole. Du haut de sa tour, vous aurez une vue imprenable sur la ville. Toujours en direction de La Nouvelle-Orléans, prenez une pause à l'ombre des chênes centenaires de la plantation Oak Alley ou à la somptueuse plantation San Francisco.

Jour 9

La Nouvelle-Orléans

Consacrez votre journée à la découverte de cette belle ville en visitant le Vieux Carré français et son French Market, la cathédrale Saint-Louis, le Jackson Square, le cimetière Saint-Louis, le City Park, le lac Pontchartrain, ainsi que les belles avenues Esplanade et Saint-Charles. Promenez-vous dans Bourbon Street et ne manquez pas de goûter aux fameux beignets servis avec le café au lait.

Le fleuve Mississippi à la carte

Longueur Près de 3 800 km.

États américains traversés Minnesota, Wisconsin, Iowa, Illinois, Missouri, Tennessee, Arkansas, Mississippi, Louisiane.

Principales villes traversées St. Paul, St. Louis, Memphis, Bâton-Rouge, La Nouvelle-Orléans.

Un plat La *Mississippi Mud Pie,* une tarte au chocolat dont l'aspect (et non le goût!) rappelle celui de la boue (*mud*) des rives du Mississippi.

Quelques airs à écouter sur la route *The First Time I Met the Blues,* de Buddy Guy; *Rock & Roll Music,* de Chuck Berry; *Ring of Fire,* de Johnny Cash; *Mississippi Girl,* de Faith Hill; *The Thrill is Gone,* de B.B. King; *Suspicious Minds,* d'Elvis Presley; *Hello Dolly!,* de Louis Armstrong.

2

▶ **Quand y aller?**
En septembre ou octobre, pour la température agréable et les nombreux festivals.

La Route 66 au Texas

▶ **14 jours**

▶ **De Chicago à Santa Monica**

Les grands itinéraires

Pour qui? Pourquoi?

Pour les gens nostalgiques et amateurs de road trips *qui désirent vivre une aventure inoubliable au cœur des États-Unis.*

Inoubliable...

- *Traverser le lieu-dit Devil's Elbow, au Missouri, pour voir la section la plus pittoresque de la Route 66.*
- *Se rendre au Meteor Crater, profond de 167 m et large de 1,6 km, situé entre Winslow et Winona, en Arizona.*
- *Atteindre le bout de la Route 66 sur le Pier de Santa Monica.*

La mythique Route 66

Route mythique utilisée pour traverser les États-Unis avant l'avènement des grandes autoroutes, la US66 est encore aujourd'hui considérée comme *The Mother Road*. Roulez sur l'ancienne route principale des États-Unis pour découvrir le long du chemin, au milieu de nulle part, de vieilles stations-services, des *drive-in* et des motels aux enseignes au néon défraîchies. Sans oublier les nombreuses attractions touristiques. Découvrez les petits villages qui ont connu leur apogée au milieu du XXe siècle. Traversez les huit États que parcourt cette route pour voir défiler sous vos yeux les paysages diversifiés de ce grand pays que sont les États-Unis, des plaines de l'Illinois aux plages sablonneuses de la Californie.

Chicago

Pier de Santa Monica

Cadillac Ranch

Itinéraire

Jour 1

Chicago

Profitez de la journée pour percer les mystères de Chicago. Découvrez un des nombreux musées de la ville, flânez à Navy Pier ou faites une croisière pour admirer l'architecture de la ville.

Jour 2

Chicago – Springfield

325 km

Faites route en direction de Springfield, capitale de l'Illinois. Springfield est considérée comme la terre d'adoption d'Abraham Lincoln, 16e président des États-Unis. Visitez le Lincoln Home National Historic Site, où il habita pendant 17 ans; le Lincoln Depot, où il fit son discours d'adieu à Springfield; et le lieu où il est inhumé.

Jour 3

Springfield – St. Louis

155 km

Rendez-vous dans l'État du Missouri, à St. Louis, la plus grande ville située le long de la Route 66, après avoir traversé Devil's Elbow, pittoresque section de la *Mother Road*. Bâtie sur les bancs du Mississippi, St. Louis est la porte d'entrée de l'Ouest américain. Promenez-vous dans l'Union Station, dont l'architecture s'inspire de Carcassonne, en France.

Jour 4

St. Louis – Rolla – Springfield **348 km**

Continuez sur la Route 66 vers l'ouest et arrêtez-vous à Rolla pour découvrir le Totem Pole Trading Post, un magasin construit en 1933, et une réplique réduite de Stonehenge. À votre arrivée à Springfield, au Missouri, berceau de la Route 66, baladez-vous dans son centre-ville historique.

Jour 5

Springfield – Joplin – Tulsa **296 km**

Partez pour Tulsa en passant par Joplin. Visitez-y le Dale's Ole "66" Barber Shop pour un brin de nostalgie. À votre arrivée à Tulsa, en Oklahoma, arrêtez-vous au Gilcrease Museum, un musée d'art et d'histoire. L'Oklahoma a une riche histoire influencée par les Amérindiens, et vous pourrez en apprendre davantage au Cherokee Heritage Center de Tsa-La-Gi.

2

La Mother Road

Dans *Les Raisins de la colère*, où John Steinbeck fait la chronique de la vie aux États-Unis à l'époque de la crise des années 1930, il qualifie la Route 66 de « Mother Road » (route mère), une désignation qui lui convenait très bien à une certaine période de l'histoire américaine. Depuis, elle a été remplacée par la route I-40, une route à quatre voies. Beaucoup de localités situées sur l'ancien tracé finirent par s'éteindre, tandis que d'autres parvinrent tant bien que mal à survivre à cette débâcle. C'est d'ailleurs dans ces villages de second rang, et toujours en vie, que la Route 66 suscite le plus de fierté. Explorez la *Mother Road* pour connaître tous les secrets de cette fameuse porte vers l'ouest.

Las Vegas

Cowboy texan

Santa Fe

Jour 6

Tulsa – Oklahoma City

172 km

Départ pour Oklahoma City, la capitale de l'État d'Oklahoma. Découvrez cette ville de cowboys dans le quartier de Stockyards City et en visitant le National Cowboy Hall of Fame & Western Heritage Center. Amusez-vous en prenant un taxi flottant sur le Bricktown Canal. En soirée, promenez-vous dans le Paseo Historic District.

Jour 7

Oklahoma City – Shamrock – Amarillo

654 km

Faites route vers Shamrock, au Texas, où vous ferez halte au Pioneer West Museum pour comprendre la vie à l'époque des pionniers. Rendez-vous ensuite à Amarillo, où vous pourrez explorer l'incroyable canyon de Palo Duro. Poursuivez vers l'ouest sur la Route 66 et arrêtez-vous au Cadillac Ranch, pour voir une œuvre surprenante composée de 10 voitures Cadillac littéralement plantées dans un champ.

Jour 8

Amarillo – Albuquerque

459 km

Dirigez-vous vers le Nouveau-Mexique. Faites un premier arrêt dans la minuscule ville de Tucumcari pour visiter le Tucumcari Historical Museum. Puis rendez-vous à Albuquerque et prenez le temps de découvrir l'Indian Pueblo Cultural Center et de monter à bord du Sandia Peak Tramway pour une vue à couper le souffle.

Jour 9

Excursion à Santa Fe

200 km

À Santa Fe, visitez la mission San Miguel, plus vieille église de la ville. Vous aurez une magnifique vue sur la région du site de la Cross of the Martyrs, au sommet d'une petite colline.

Jour 10

Albuquerque – Holbrook

378 km

Départ pour Holbrook, en Arizona. Faites une excursion à proximité, au Petrified Forest National Park. Profitez de l'occasion pour jeter un coup d'œil au Painted Desert et à ses dunes rouges, orangées et jaunes. Cette région est encore plus colorée au lever et au coucher du soleil.

Grand Canyon

Jour 11

Holbrook – Grand Canyon

251 km

Partez à la découverte du Grand Canyon National Park ! En chemin, découvrez Winslow, son Old Trails Museum et la façade en bois du Minnetonka Trading Post, ainsi que l'étonnant Meteor Crater. À votre arrivée au Grand Canyon, vous serez bouche bée devant la grandeur et la splendeur du panorama.

Jour 12

Grand Canyon – Las Vegas

450 km

Quittez la nature pour rejoindre Las Vegas, au Nevada ! Promenez-vous sur le boulevard Las Vegas, communément appelé le *Strip*, et visitez les hôtels-casinos.

Jour 13

Las Vegas – Barstow – Santa Monica **474 km**

Rejoignez Santa Monica, en Californie, en passant par Barstow, où vous pourrez visiter la Casa Del Desierto et son musée dédié à la Route 66. Baladez-vous sur le Pier de Santa Monica, qui marque symboliquement la fin de la Route 66.

Jour 14

Santa Monica

Profitez des multiples activités sur la plage, optez pour une excursion à Los Angeles ou allez à la découverte des fameux studios de Warner Bros à Hollywood.

La Route 66 à la carte

Longueur Environ 4 000 km.

États américains traversés Illinois, Missouri, Kansas, Oklahoma, Texas, Nouveau-Mexique, Arizona et Californie.

Principales villes traversées Chicago, St. Louis, Tulsa, Oklahoma City, Amarillo, Santa Fe, Albuquerque, Flagstaff, Pasadena, Los Angeles, Santa Monica.

Un plat Le *Chicken-fried steak*, que les Texans appellent simplement « CFS », une tranche de bœuf (et non de poulet !) panée et frite.

Quelques airs à écouter sur la route *Main Street USA*, des Red Dirt Rangers ; *On the Road Again*, de Willie Nelson ; *Rude Mood*, de Stevie Ray Vaughan ; *Oh, Pretty Woman* de Roy Orbison ; *Oh Boy*, de Buddy Holly.

3

▶ ***Quand y aller ?***
En mai, pour profiter d'une température agréable du nord au sud.

Miami Beach

▶ 11 jours

▶ De Bangor à Miami Beach

Pour qui ? Pourquoi ?

Pour ceux qui souhaitent traverser les grandes villes de l'est des États-Unis et terminer leur séjour à la plage.

Inoubliable…

- *Flâner sur le campus de l'Université Harvard.*
- *Se gâter dans l'une des nombreuses boutiques branchées de New York.*
- *Marcher pieds nus sur la plage à Myrtle Beach, en Caroline du Sud, ou à Daytona Beach, en Floride.*

La Côte Est américaine

Découvrez plus de 14 États américains, tous situés à l'extrême est des États-Unis. Après avoir vécu l'ambiance cosmopolite et urbaine des grandes villes du Nord-Est américain, continuez votre périple vers les charmantes villes du Sud-Est. Appréciez tranquillement les différentes personnalités de chacun des États traversés et goûtez aux spécialités de chaque région. Imprégnez-vous de l'histoire locale, en découvrant le berceau de l'indépendance et les différents sites de la Révolution américaine.

Campus de l'Université Harvard

Richmond

Portland

Itinéraire

Jour 1

Bangor

Visitez cette ville du Maine, en commençant par la statue de Paul Bunyan, célèbre bûcheron et héros de plusieurs légendes. Explorez le quartier historique de West Market Square et observez ses immeubles du XIXe siècle. Le plus célèbre résident de Bangor est l'écrivain Stephen King, dont vous pourrez admirer la maison.

Jour 2

Bangor – Portland – Boston 379 km

En route vers Boston, au Massachusetts, arrêtez-vous dans la ville historique de Portland, qui surplombe la baie de Casco, et prenez le temps de parcourir le Portland Museum of Art, le plus important musée d'art du Maine. Vous y verrez une impressionnante collection d'œuvres d'artistes américains.

Jour 3

Boston

Amorcez votre exploration de la ville par le Boston Common et ses jardins. Poursuivez avec le quartier de Beacon Hill et ses maisons du XIXe siècle, sans oublier le Freedom Trail, l'Université Harvard et son musée d'histoire naturelle. En soirée, admirez la ville du haut du Prudential Building.

Jour 4

Boston – New York

346 km

À votre arrivée à New York, faites l'ascension de l'Empire State Building, d'où vous aurez une vue imprenable sur la ville. Promenez-vous à Times Square pour vous imprégner de cette place à l'effervescence si particulière et enviée à travers le monde.

Jour 5

New York

Découvrez la ville, sa cathédrale St. John the Divine, une des plus grandes au monde, ses quartiers de Chinatown, de la Petite Italie et de Soho, ainsi que son quartier des affaires. Puis rendez-vous

Independence Hall, à Philadelphie

Savannah

Terrain de golf à Myrtle Beach

Le Grand Strand

En Caroline du Sud s'étend, de la Little River (une rivière située près de la ville du même nom à la frontière avec la Caroline du Nord) à la Winyah Bay (une grande baie devant laquelle se trouve la ville de Georgetown), une centaine de kilomètres de plages de sable blanc dont l'ensemble est surnommé le *Grand Strand*. Plusieurs stations balnéaires et villes estivales s'y trouvent, entre autres Myrtle Beach, dont la région compte la plus grande concentration de terrains de golf aux États-Unis, notamment avec des parcours ayant vue sur la mer.

dans le Central Park pour voir le zoo, le mémorial en l'honneur de John Lennon et le Metropolitan Museum of Art. Terminez votre visite en vous promenant sur l'une des avenues les plus réputées du monde, Fifth Avenue.

Jour 6

New York – Philadelphie – Baltimore 313 km

En route vers Baltimore, au Maryland, arrêtez-vous en Pennsylvanie pour découvrir Philadelphie, cette ancienne capitale américaine. N'y manquez pas l'Independence Hall, un site du patrimoine mondial de l'UNESCO. À votre arrivée à Baltimore, visitez la ville et ses principaux attraits touristiques: l'American Visionary Art Museum, le Geppi's Museum, consacré au pop art américain, le quartier historique et branché de Fells Point, l'Aquarium national, le Musée d'art contemporain et le Baltimore Museum of Art.

Jour 7

Baltimore – Richmond

236 km

Découvrez Richmond, en Virginie, et son centre historique, où vous trouverez l'une des maisons de l'écrivain Edgar Allan Poe, Monument Avenue et les parcs Byrd et Maymont. Ensuite, rendez-vous au musée dédié à Edgar Allan Poe, où vous pourrez voir des manuscrits, des lettres, ainsi que des effets lui ayant appartenu.

Jour 8

Richmond – Fayetteville

338 km

Visitez Fayetteville, en Caroline du Nord, sa John F. Kennedy Memorial Chapel et sa Main Post Chapel, les deux renfermant de magnifiques vitraux, ainsi que son Cross Creek Cemetery, où se trouvent plus de 1 100 pierres tombales dont celles des vétérans de la guerre de Sécession. Découvrez ses quartiers tout en admirant les demeures coloniales telles que la Belden Horne House, Fair Oaks ou la Barges Tavern, qui date de 1800. Baladez-vous le long de ses promenades et à travers ses parcs et jardins, entre autres le James Square et le fameux Cape Fear Botanical Garden.

Daytona Beach

Jour 9
Fayetteville – Savannah
418 km

Visitez le quartier historique de Savannah, en Géorgie, au charme sudiste incontestable. Le long de la rive du fleuve Savannah, découvrez les belles rues pavées de Factor's Walk et River Street, où les anciens entrepôts de coton ont été transformés en magasins, tavernes et restaurants. Flânez au rythme de la vie sudiste.

Jour 10
Savannah – Daytona Beach **368 km**

Rendez-vous en Floride, puis baladez-vous du côté de Ponce Inlet, à Daytona Beach, où vous plongerez au cœur de son histoire. Découvrez l'un des circuits automobiles ou flânez dans un musée. Au nord de Daytona Beach se trouvent Marineland, où vous pourrez nager avec les dauphins, et la splendide ville de St. Augustine, la plus ancienne des États-Unis.

Jour 11
Daytona Beach – Miami Beach **418 km**

À votre arrivée à Miami Beach, admirez les édifices d'architecture Art déco dans le quartier de South Beach. Explorez « Little Havana », le centre cubain de Miami, ou prélassez-vous simplement sur la plage de sable doré.

Les États-Unis à la carte

États-Unis d'Amérique

Capitale Washington, D.C.

Langue officielle Anglais

Religions Protestantisme (50% de la population), catholicisme (environ 20%).

Un plat Les *Boston baked beans*, des haricots secs qu'on fait lentement cuire au four avec du lard salé, de la mélasse et des oignons.

Quelques airs à écouter sur la route *Born to Run*, de Bruce Springsteen; *Walk this Way*, d'Aerosmith; *Let's Twist Again*, de Chubby Checker; *You've Got a Friend*, de James Taylor; *Love Hurts*, d'Emmylou Harris; *I Got You (I Feel Good)*, de James Brown; *Margaritaville*, de Jimmy Buffett.

4

▶ **Quand y aller ?**
En juillet, pour assister au Stampede de Calgary et profiter d'une température agréable à la grandeur du Canada.

Le lac Moraine, dans le parc national de Banff

▶ **23 jours**

▶ **D'Halifax à Vancouver**

Les grands itinéraires

Pour qui ? Pourquoi ?

Pour ceux qui veulent découvrir le Canada à travers ses paysages diversifiés.

Inoubliable…

- *Assister au célèbre Stampede, qui, avec son rodéo réputé, est qualifié de « plus grand spectacle sur terre ».*
- *Admirer pour la première fois les Rocheuses canadiennes et les lacs aux eaux turquoise.*
- *Parcourir le Cabot Trail pour un panorama spectaculaire.*

La traversée du **Canada**

Il y a 400 ans, les explorateurs et les coureurs des bois ont fait la traversée de ce grand territoire, en canot, à travers les lacs et les rivières, et à pied, à travers les champs et les forêts. Aujourd'hui, toutes les splendeurs de cet immense pays sont à votre portée. Ici vous êtes un aventurier et le Canada est votre terrain de jeu. Laissez-vous éblouir par ses grandes plaines, ses montagnes à perte de vue, ses Grands Lacs et ses routes panoramiques qui vous couperont le souffle à coup sûr.

Le Cabot Trail

La colline de la Citadelle, à Halifax

La Province House, à Charlottetown

Itinéraire

Jour 1

Halifax 90 km

Commencez votre périple à Halifax, capitale de la Nouvelle-Écosse et plus grande ville des Maritimes. Voyez le parlement provincial, les jardins publics, les installations portuaires et le Lieu historique national de la Citadelle-d'Halifax. En après-midi, partez pour Peggy's Cove, ce charmant petit village de pêcheurs où se marient ciel et terre au son incessant des vagues qui viennent se briser sur les récifs.

Jour 2

Halifax – New Glasgow 160 km

Départ pour le parc national des Hautes-Terres-du-Cap-Breton, ceinturé par le célèbre et spectaculaire Cabot Trail. Cette superbe route, qui longe les falaises et les pics rocailleux du Cap-Breton, offre des panoramas exceptionnels. Arrêtez-vous en cours de route au pittoresque village de Chéticamp. En après-midi, visitez le Lieu historique national Alexander-Graham-Bell.

Jour 3

New Glasgow – Charlottetown 291 km

Rendez-vous à Caribou pour traverser le détroit de Northumberland jusqu'à Wood Islands (traversier: durée 1h15). Puis continuez vers Charlottetown, berceau de la Confédération et capitale de l'Île-du-Prince-Édouard, pour voir entre autres les quartiers des quais, le parc Victoria et la basilique St. Dunstan. Visitez le Lieu historique national Province House.

Jour 4

Charlottetown – Moncton 212 km

À votre arrivée à Moncton, au Nouveau-Brunswick, découvrez les sites patrimoniaux de la ville, dont l'immeuble Wood, le théâtre Capitol et la Maison Keillor. Allez sur la Côte magnétique en voiture, vous aurez toute une illusion d'optique!

Jour 5

Moncton – Edmundston 445 km

Lors de votre arrivée à Edmundston, deuxième ville francophone en importance du Nouveau-Brunswick après Dieppe, visitez le Musée de l'automobile et le Jardin botanique.

Le Bluenose

Immortalisé depuis 1937 sur la pièce de monnaie canadienne de 10 cents, le *Bluenose* occupe une place à part dans l'histoire maritime du Canada. Construite en 1921 à Lunenburg, en Nouvelle-Écosse, cette formidable goélette a remporté toutes les courses de vitesse auxquelles elle a participé tout au long de sa carrière. Sa réplique, le *Bluenose II*, est généralement amarrée au port de Lunenburg ou d'Halifax en été et propose d'agréables croisières.

Jour 6

Edmundston – Québec

320 km

Quittez le Nouveau-Brunswick en direction de la ville de Québec. Visitez la Vieille Capitale pour y voir entre autres la place Royale, la place d'Armes, les fortifications, le Château Frontenac, la terrasse Dufferin, l'hôtel de ville, la rue du Trésor et les plaines d'Abraham.

Jour 7

Québec – Montréal

251 km

Découvrez Montréal en commençant par les monuments de son quartier historique, comme la basilique Notre-Dame et l'hôtel de ville. Rendez-vous ensuite au pied des hautes tours du centre-ville, dont fait partie l'emblématique Place Ville Marie. Puis offrez-vous une incursion dans la «ville souterraine» et enfin rendez-vous au Parc olympique.

Jour 8

Montréal – Ottawa

200 km

Dirigez-vous vers la capitale du Canada, Ottawa, située en Ontario. Promenez-vous à pied à travers le marché ByWard, ou encore sur la colline du Parlement et le long de la promenade Sussex. Visitez ensuite le Musée canadien de l'histoire, à Gatineau, en face d'Ottawa.

Jour 9

Ottawa – Kingston – Toronto **450 km**

En route vers Toronto, arrêtez-vous à Kingston, une des anciennes capitales du Canada. Promenez-vous dans le centre-ville ou sur le Waterfront Pathway (8 km) pour voir les principaux sites historiques et culturels de la ville. Découvrez ensuite Toronto: les imposants gratte-ciel du cœur financier du Canada, le charme très *British* du parlement ontarien, l'impressionnant SkyDome, où jouent de nombreuses équipes sportives, le Harbourfront et la CN Tower, emblème de la mégalopole, qui domine la Ville reine du haut de ses 553 m.

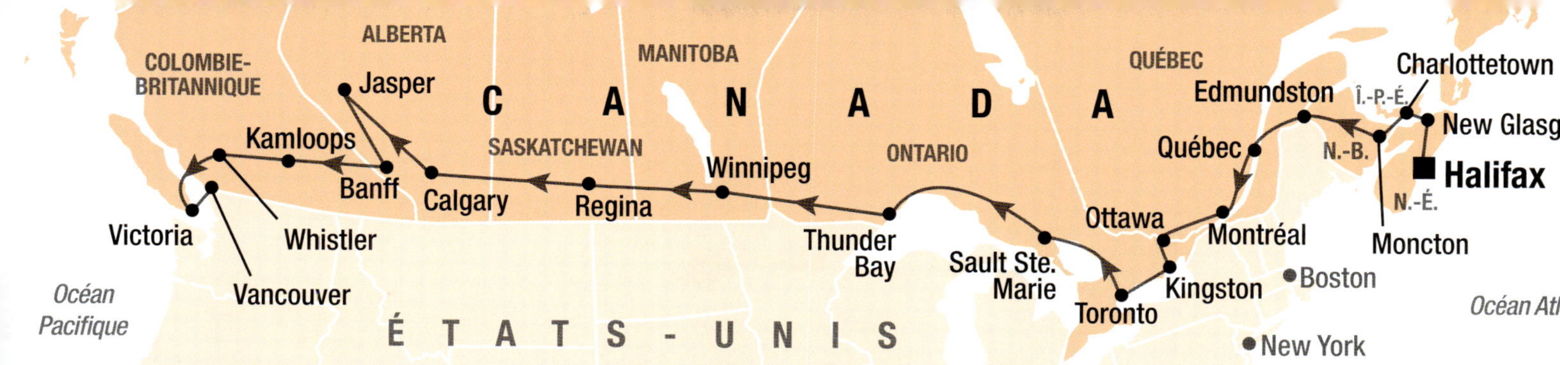

Paysage de Saskatchewan

Toronto

Jour 10

Toronto – Sault Ste. Marie 688 km

Faites halte à Sault Ste. Marie, célèbre pour ses écluses sur l'une des voies navigables les plus fréquentées au monde, puis profitez de l'occasion pour vous rendre au Lieu historique national du Canal-de-Sault Ste. Marie.

Jour 11

Sault Ste. Marie – Thunder Bay 708 km

En direction de Thunder Bay, la route longe la rive nord du lac Supérieur, tantôt en corniche, tantôt au niveau de l'eau, avec vue sur les caps, les anses et les rochers. Arrêtez-vous au monument de Terry Fox, cet athlète canadien qui, atteint du cancer et ayant dû être amputé d'une jambe, entreprit malgré tout un « marathon de l'espoir ».

Jour 12

Thunder Bay – Winnipeg 704 km

Aujourd'hui faites route vers le Manitoba. En chemin, arrêtez-vous aux chutes Kakabeka pour vous faire raconter la légende amérindienne qui s'y rattache. Visitez Winnipeg, la capitale provinciale. Dans le quartier francophone de Saint-Boniface, vous verrez la maison natale de Gabrielle Roy et les ruines de l'ancienne cathédrale devant laquelle est enterré Louis Riel.

Jour 13

Winnipeg – Regina 571 km

Les paysages qui s'offriront à vos yeux vous permettront d'apprécier à sa juste valeur l'expression « grenier du Canada » pour décrire le Manitoba et la Saskatchewan. À Regina, capitale de la Saskatchewan, visitez le Centre du patrimoine de la Gendarmerie royale du Canada et le Musée royal de la Saskatchewan.

Jour 14

Regina – Calgary 761 km

Traversez les immenses prairies pour rejoindre Calgary, en Alberta. À votre arrivée, faites une promenade dans la ville, et ne manquez pas l'Olympic Plaza et le Stephen Avenue Mall.

Le lac Louise

Les totems du parc Stanley, à Vancouver

Le Stampede de Calgary

Détail du parlement provincial, à Victoria

Jour 15

Calgary – Jasper 413 km

Découvrez, au cœur des Rocheuses, les parcs nationaux de Banff et de Jasper sur la promenade des Glaciers, réputée pour ses merveilleux panoramas.

Jour 16

Jasper – Banff 288 km

Promenez-vous le long du canyon Maligne, la gorge la plus spectaculaire de la région. Arrêtez-vous aux chutes Sunwapta et Athabasca, puis reprenez la promenade des Glaciers pour atteindre le glacier Athabasca, qui fait partie de l'énorme champ de glace Columbia. Faites une excursion en *Ice Explorer*, un véhicule spécial qui vous emmènera sur le glacier.

Jour 17

Parc national de Banff

Promenez-vous dans le parc national de Banff pour voir les chutes de la rivière Bow et les cheminées des fées. Faites l'ascension du mont Whitehorn en téléphérique pour vous offrir une vue imprenable sur le lac Louise. Ensuite, arrêtez-vous au célèbre Chateau Lake Louise ainsi qu'au lac Moraine, avant de retourner à Banff pour profiter des bienfaits des eaux sulfureuses qui sont à l'origine du parc.

Jour 18

Banff – Kamloops 496 km

Aujourd'hui les paysages grandioses des Rocheuses vous émerveilleront. Traversez en Colombie-Britannique par le Kicking Horse Pass, puis faites un arrêt au lac Emerald. Dans le parc national des Glaciers, franchissez le Rogers Pass. Ensuite, arrêtez-vous dans le parc national du Mont-Revelstoke pour admirer la forêt de cèdres géants.

Jour 19

Kamloops – Whistler

299 km

Traversez la ville de Cache Creek avant d'emprunter la route panoramique 99, qui dévoile des paysages féeriques jusqu'à Whistler, ce charmant village de villégiature niché à flanc de montagne.

Le lac Emerald

Jour 20

Whistler – Victoria 282 km

Suivez la route panoramique Sea to Sky (99) vers Horseshoe Bay pour prendre le traversier jusqu'à Nanaimo (durée 1h35). Arrêtez-vous à Chemainus pour admirer les magnifiques peintures murales relatant l'histoire de la colonisation de l'île de Vancouver. En soirée, visitez à Brentwood Bay les célèbres jardins Butchart transformés en magie multicolore par des jeux de lumières astucieux.

Jour 21

Victoria

Explorez Victoria, ses quartiers résidentiels, le port, le parc Beacon Hill, l'hôtel Empress, la marina et le parlement de la province. Profitez de cette jolie ville au cachet britannique.

Jour 22

Victoria – Vancouver 138 km

Reprenez le traversier pour regagner le continent (durée 1h35) en direction de Vancouver. En après-midi, empruntez le pont suspendu Capilano et observez la passe migratoire à saumons.

Jour 23

Vancouver

Découvrez la troisième agglomération du Canada en parcourant le parc Stanley, Granville Island, le Chinatown, le parc Queen Elizabeth et le quartier de Gastown.

Le Canada à la carte

Canada

Capitale Ottawa

Langues officielles Anglais, français et 11 langues autochtones officielles dans les Territoires du Nord-Ouest.

Religions Catholicisme (40% de la population), protestantisme (30% de la population).

Un plat La poutine, mets simple créé au Québec mais maintenant disponible un peu partout au Canada et ailleurs, composé de frites nappées de sauce brune et recouvertes de fromage en grain.

Quelques airs à écouter sur la route *Summer of 69'*, de Bryan Adams; *Rockin' in the Free World*, de Neil Young; *J'entends frapper*, de Michel Pagliaro; *You Ain't Seen Nothing Yet*, de Bachman-Turner Overdrive.

Niagara Falls

▶ **9 jours**

▶ **De Niagara Falls à Québec**

Pour qui ? Pourquoi ?

Pour les passionnés d'histoire, avides de découvrir comment ce grand pays qu'est le Canada s'est bâti.

Inoubliable...

- *Faire une croisière au pied des chutes du Niagara.*
- *Flâner sur la terrasse Dufferin, à Québec, pour voir les amuseurs publics.*
- *Admirer la vue sur Montréal depuis le belvédère Kondiaronk du mont Royal.*

L'Ontario et le Québec

Revivez la fondation de cet immense pays en découvrant les principaux attraits de ce que l'on nommait le Haut et le Bas-Canada, maintenant l'Ontario et le Québec. Découvrez d'abord Toronto, avec son centre financier aux abords du lac Ontario. Longez ensuite le fleuve Saint-Laurent, cette route maritime qui a permis le développement de grandes villes telles que Montréal la culturelle, Trois-Rivières l'industrielle et Québec la romantique. À la visite de ces grandes villes, s'ajouteront auparavant quelques incontournables, comme la vallée de Niagara avec ses chutes et ses vignobles, un site traditionnel huron et quelques musées pour combler l'appétit culturel.

Un vignoble dans la vallée de Niagara

Relève de la garde à Ottawa

Toronto

Itinéraire

Jour 1

Niagara Falls

Commencez votre journée par une croisière à bord du *Maid of the Mist*, qui s'avance jusqu'au pied des chutes. En après-midi, vous pourrez faire un survol des chutes en hélicoptère ou une immersion tropicale dans le Bird Kingdom, la plus grande volière intérieure au monde, où plus de 500 oiseaux volent en toute liberté. Terminez votre journée par un des nombreux spectacles offerts dans les casinos de la ville (réservations fortement recommandées).

Jour 2

Niagara Falls – Toronto

155 km

En chemin vers Toronto, arrêtez-vous à Niagara-on-the-Lake. Faites une halte dans l'un des nombreux vignobles de la deuxième plus importante région vinicole du Canada. Ensuite, filez jusqu'à la Ville reine, Toronto, à la fois la capitale de l'Ontario et la métropole du pays, située sur la rive nord du lac Ontario. Une visite de son quartier des affaires, de l'hôtel de ville et du Harbour Front s'impose. Ne manquez surtout pas de vous rendre au sommet de l'observatoire de la CN Tower, haute de 553 m.

Jour 3

Toronto – Kingston – Ottawa **461 km**

Le matin, partez en direction d'Ottawa et arrêtez-vous à Kingston, ancienne capitale du Canada de 1841 à 1844. Promenez-vous dans son centre-ville historique ou suivez le Waterfront Pathway, un parcours de 8 km qui permet de voir les principaux sites historiques et culturels de la ville. Poursuivez ensuite votre chemin jusqu'à Ottawa.

Jour 4

Ottawa – Montréal

200 km

Explorez Ottawa à pied en commençant votre circuit par le marché ByWard, la colline du Parlement et la promenade

Montréal

Musée canadien de l'histoire, à Gatineau

Sanctuaire Notre-Dame-du-Cap

Sussex. Traversez ensuite la rivière des Outaouais pour visiter, à Gatineau, le Musée canadien de l'histoire (ancien Musée canadien des civilisations), puis faites route vers Montréal, ville où se côtoient les traditions françaises et britanniques.

Jour 5

Montréal

Découvrez les différents quartiers de Montréal : le Vieux-Port, le Vieux-Montréal avec sa basilique Notre-Dame, l'arrondissement historique et naturel du Mont-Royal, le Quartier chinois, la Petite Italie, le centre-ville... Essayez le *smoked meat*, une des spécialités montréalaises, puis visitez Pointe-à-Callière, musée d'archéologie et d'histoire de Montréal, pour en savoir plus sur les origines de la ville.

Jour 6

Montréal – Trois-Rivières 138 km

Empruntez la rive sud du fleuve Saint-Laurent pour vous rendre à Trois-Rivières. En chemin, faites un arrêt au Musée des Abénakis, qui fut le premier musée amérindien à ouvrir ses portes au Québec. À votre arrivée à Trois-Rivières, visitez le centre-ville et le port adjacent.

Jour 7

Trois-Rivières

Ce matin, rendez-vous au musée Boréalis, dédié à l'industrie des pâtes et papiers, puis visitez la Vieille prison pour connaître ce qu'était la vie des prisonniers de 1822 à 1986.

Québec

Jour 8

Trois-Rivières – Québec 129 km

Empruntez le chemin du Roy pour vous rendre à Québec et, en cours de route, arrêtez-vous au sanctuaire Notre-Dame-du-Cap. Avant d'arriver à Québec, faites un arrêt à Wendake, au Site traditionnel Huron, pour découvrir les us et coutumes de la nation huronne-wendat.

Jour 9

Québec

Visitez la ville de Québec pour y voir entre autres la place Royale, la place d'Armes, les fortifications, le Château Frontenac, la terrasse Dufferin, l'hôtel de ville, la rue du Trésor et les plaines d'Abraham.

L'Ontario à la carte

Population 13 530 000 habitants

Superficie 1 076 395 km^2

Densité 12,6 hab./km^2

Capitale Toronto

Langue officielle Anglais

Un plat La *Beaver Tail*, une pâtisserie composée d'une pâte de blé entier ayant la forme d'une queue de castor, que l'on recouvre de garnitures comme de la cannelle, du chocolat ou même du beurre à l'ail.

Quelques airs à écouter sur la route *Ironic*, d'Alanis Morissette ; *Spirit Of The Radio*, de Rush ; *Jolie Louise*, de Daniel Lanois ; *Sundown*, par Gordon Lightfoot ; *Man ! I Feel Like a Woman*, de Shania Twain ; *Angel Eyes*, de Jeff Healey.

Le Québec à la carte

Population 8 155 000 habitants

Superficie 1 667 441 km^2

Densité 4,9 hab./km^2

Capitale Québec

Langue officielle français (**autre langue** : anglais)

Un plat Le pâté chinois, plat réconfortant par excellence fait de bœuf haché, de pommes de terre en purée et de grains de maïs.

Quelques airs à écouter sur la route *Les chemins de verre*, de Karkwa ; *Les étoiles filantes*, des Cowboys fringants ; *Les ailes d'un ange*, de Robert Charlebois ; *Sur la Route 11*, de Jean-Pierre Ferland ; *Quand j'aime une fois j'aime pour toujours*, de Richard Desjardins ; *Moi mes souliers*, de Félix Leclerc ; *Les gens de mon pays*, de Gilles Vigneault ; *Journée d'Amérique*, de Richard Séguin.

Paysage de la Nouvelle-Angleterre en automne

Le nord-est des États-Unis

▶ **Quand y aller?**
En juin, alors que la chaleur n'est pas encore trop accablante pour visiter Boston, mais qu'il fait suffisamment beau pour profiter des plages de Cape Cod.

Beacon Hill, à Boston

▶ **6 jours**

▶ **De Boston à Cape Cod**

Pour qui? Pourquoi?

Les amateurs d'architecture, d'histoire et de liberté.

Inoubliable...

- *Assister à un match des Red Sox au célèbre Fenway Park.*
- *Flâner sur l'avenue Newberry à Boston pour y découvrir ses restaurants et terrasses.*
- *Visiter l'un des nombreux châteaux de type colonial ou néogothique du Rhode Island.*
- *Admirer le paysage depuis le sommet du Pilgrim Monument, à Provincetown.*

Boston
et les châteaux de la Nouvelle-Angleterre

Faites un tour dans l'État du Massachusetts, l'une des régions les plus intéressantes des États-Unis, tant au niveau culturel qu'historique. Parcourez Boston à pied et découvrez pourquoi cette ville est tant appréciée par ses habitants et ses visiteurs. À Cambridge, devenez étudiant d'un jour en visitant les prestigieux campus des universités de Harvard et du MIT. Puis, poussez votre exploration jusqu'à Cape Cod et ses splendides paysages marins, en passant par le Rhode Island, qui regorge de châteaux plus impressionnants les uns que les autres.

Le *Mayflower II* à Plymouth

Chateau-sur-Mer, à Newport

Itinéraire

Jours 1 et 2

Boston

Visitez la ville de Boston et ses alentours, pour y admirer le Boston Common et ses jardins, premier parc public du pays, Beacon Hill et ses maisons du XIXe siècle, l'Université Harvard, le MIT et le Quincy Market. Visitez le Harvard Museum of Natural History, qui regroupe quatre musées en un seul, dont le musée botanique qui abrite notamment une rare collection de fleurs en verre réalisées en Allemagne entre 1886 et 1936, lesquelles représentent plus de 700 espèces différentes. Visitez l'Old State House, avec son exposition permanente portant sur la Révolution américaine. Poursuivez la découverte de Boston en empruntant le Freedom Trail, ce «chemin de la liberté». Passez la soirée à Cambridge, au Harvard Square, où les Bostoniens se donnent rendez-vous dans les nombreux bistros, ou à Boston, au sommet du Prudential Center pour admirer la ville.

Jour 3

Excursion à Salem

Ce matin, rendez-vous au Boston Long Wharf, afin de prendre le traversier (durée 1h) en direction de Salem. À destination, promenez-vous le long du Salem Heritage Trail, pour découvrir la ville et ses bâtiments historiques. Allez faire un tour au Salem Witch Museum, à la Witch House ou encore au Musée de cire, puis arrêtez-vous dans l'une des nombreuses boutiques afin de vous procurer souvenirs, amulettes ou porte-bonheur!

Jour 4

Boston – Plymouth – Newport **157 km**

Quittez Boston en direction de Newport. En route, faites un arrêt à Plymouth, le premier lieu d'habitation permanent des Européens et la plus ancienne ville encore existante aux États-Unis. On peut y visiter la Plimoth Plantation, une authentique reconstitution du village des Pères pèlerins en 1627, et le *Mayflower II*, une réplique du bateau qui a transporté les Pères pèlerins (des colons britanniques) en 1620. On raconte que c'est à Plymouth qu'aurait été célébré le premier

Maisons de Martha's Vineyard

Salem Witch Museum

Les procès des sorcières de Salem

La renommée de Salem repose sur les incroyables événements ayant entouré les procès de sorcières qui s'y sont déroulés en 1692. Vingt personnes furent condamnées à mort cette année-là, à la suite d'une hystérique chasse aux sorcières dont les circonstances demeurent mystérieuses.

Les théories visant à expliquer ces événements évoquent les hallucinations qu'aurait pu provoquer la consommation de pain à base de farine de seigle fermentée, doublée d'une forme d'hystérie collective sous le signe de la paranoïa…

Dans la Salem du XVIIe siècle, on croyait volontiers au diable, aux démons, aux mauvais esprits, la sorcellerie revêtant un caractère à la fois religieux et traditionnel, ancré dans les pratiques judiciaires britanniques. Il est ainsi possible que les étranges symptômes des victimes aient été d'emblée perçus comme des phénomènes de possession.

Le Pilgrim Monument, à Provincetown

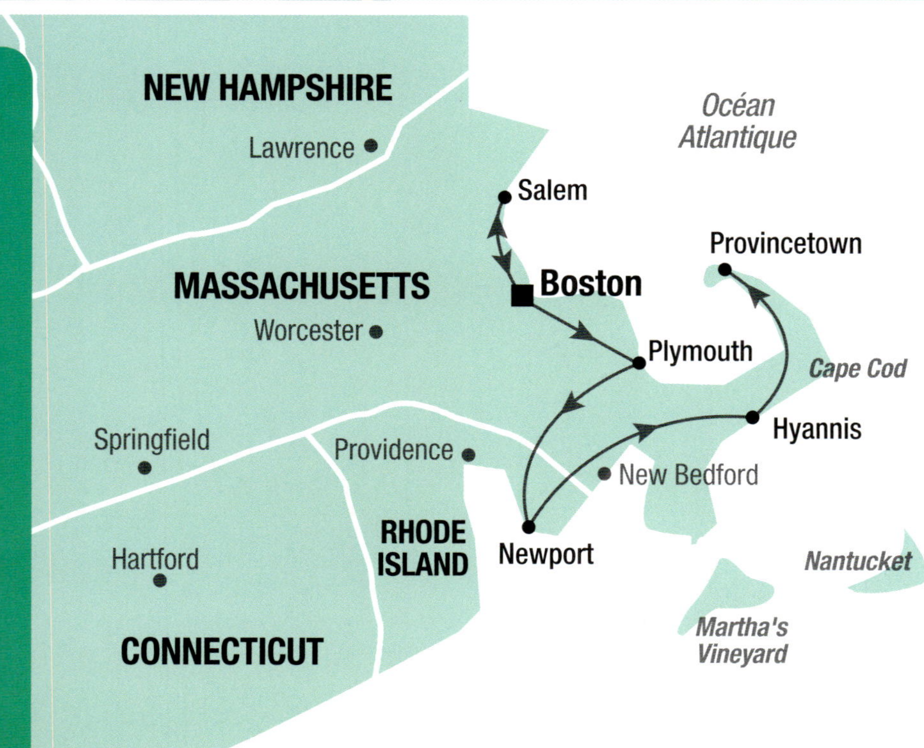

Thanksgiving américain. À votre arrivée à Newport, promenez-vous sur Bellevue Avenue pour aller visiter la propriété appelée Chateau-sur-Mer, construite pour la famille Wetmore en 1852. Par la suite, visitez le magnifique château The Breakers, qui appartient à la richissime famille de Cornelius Vanderbilt. Profitez du reste de la journée pour marcher le long de la Cliff Walk et admirer les paysages grandioses, ou pour flâner dans le charmant port de Newport.

Jour 5

Newport – Martha's Vineyard – Hyannis

204 km

Quittez Newport en direction de Woods Hole afin d'y prendre le traversier (durée

Cape Cod National Seashore

1h45) qui vous transportera à Martha's Vineyard, l'endroit de prédilection de plusieurs personnalités riches et célèbres, comme les anciens présidents Kennedy et Clinton. Promenez-vous sur l'île pour découvrir les luxueuses résidences et les manoirs. En fin d'après-midi, reprenez le traversier et faites route vers Hyannis.

Jour 6

Hyannis – Provincetown

76 km

Visitez la ville de Hyannis en commençant par le monument érigé à la mémoire de J.F. Kennedy. Faites un arrêt devant l'église de St. François Xavier, surnommée « l'église Kennedy », puis offrez-vous une mini-croisière sur un vieux bateau à vapeur pour observer la demeure de cette ancienne famille présidentielle. Prenez la route vers Provincetown et faites un arrêt au Cape Cod National Seashore afin d'y admirer la nature et les oiseaux migrateurs. À votre arrivée à Provincetown, visitez ce charmant village réputé pour ses plages et ses artistes, situé à l'extrémité de Cape Cod. Promenez-vous dans ce lieu de villégiature très prisé des touristes durant la saison estivale et grimpez au sommet de l'étonnant Pilgrim Monument.

La Nouvelle-Angleterre à la carte

États américains formant la Nouvelle-Angleterre Connecticut (CT), Maine (ME), Massachusetts (MA), New Hampshire (NH), Rhode Island (RI), Vermont (VT)

Capitales Hartford, CT ; Augusta, ME ; Boston, MA ; Concord, NH ; Providence, RI ; Montpelier, VT.

Un plat Les *Boston baked beans*, de haricots secs qu'on fait lentement cuire au four avec du lard salé, de la mélasse et des oignons.

Quelques airs à écouter sur la route *Good Times Roll*, de The Cars ; *More Than a Feeling*, de Boston ; *How Sweet It Is (To Be Loved by You)*, de James Taylor ; *Dream On*, d'Aerosmith.

▶ **Quand y aller?**
En septembre, pour profiter de la « saison des couleurs ».

Village vermontois en automne

▶ **6 jours**

▶ **De Syracuse à North Conway**

Pour qui? Pourquoi?

Pour les amateurs de jolies routes de campagne, de paysages bucoliques et de petits villages pleins de cachet.

Inoubliable...

- *S'embarquer sur un bateau à aubes pour une croisière sur le lac George.*
- *Découvrir les paysages campagnards du Vermont grâce au Winnipesaukee Scenic Railroad.*
- *Faire la tournée des nombreuses microbrasseries de la région.*

Vermont, New Hampshire et New York

Les mystères de la nature

Découvrez les États de New York, du New Hampshire et du Vermont avec cet itinéraire qui vous mènera loin des grandes villes. Sillonnez les petits villages typiques de la région, faites quelques achats dans les marchés, puis goûtez aux spécialités locales dans l'un des restaurants. Promenez-vous dans les montagnes Blanches, où vous pourrez admirer chutes, ponts couverts et routes sinueuses.

Lac George

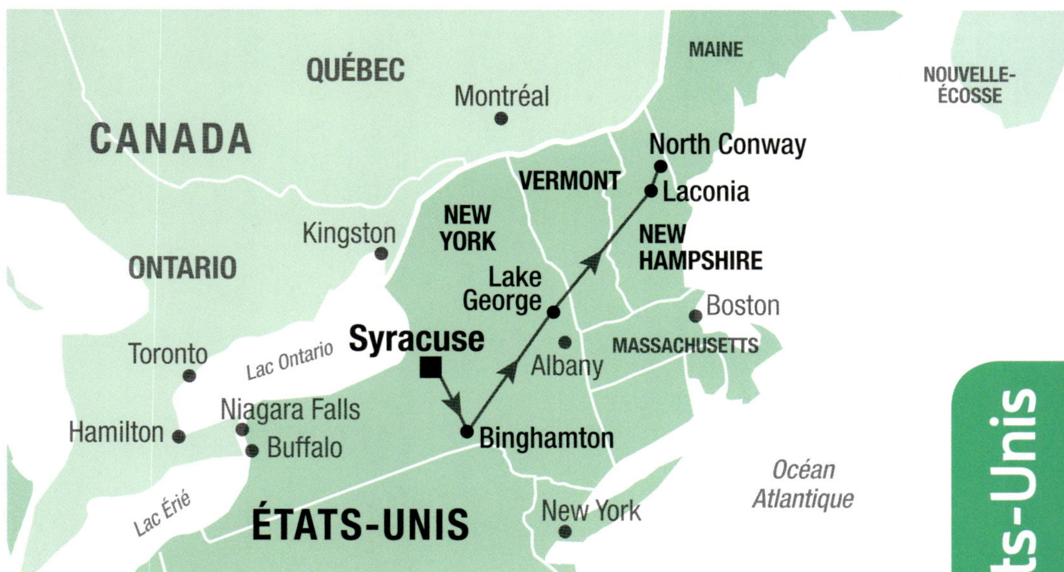

Itinéraire

Jour 1

Syracuse

Ville de vallées, de collines et de cours d'eau, Syracuse se trouve dans la région des Finger Lakes. La légende raconte que, lorsque le Dieu de la Terre a aperçu la splendeur de cette région, il l'a bénie de sa main et, lorsqu'il l'a retirée, l'empreinte de ses doigts s'est remplie d'eau pour former de magnifiques lacs. Visitez les attractions de la ville, dont le Milton J. Rubenstein Museum of Science and Technology (MOST) et le Rosamond Gifford Zoo ; savourez une pièce de viande grillée au Dinosaur Bar-B-Que et repérez les immeubles Art déco de la ville. Enfin, apprenez comment les habitants de Syracuse ont aidé les anciens esclaves à recouvrer leur liberté, grâce à un réseau clandestin, le plus important de l'histoire des États-Unis.

Jour 2

Syracuse – Binghamton

118 km

En route vers Binghamton, visitez le manoir Sonnenberg et ses jardins. Ce domaine âgé de plus de 125 ans vous révélera ses trésors d'architecture et vous envoûtera par les mille parfums de ses jardins. La ville de Binghamton est intéressante à visiter pour tout amateur d'architecture qui y découvrira sept différents quartiers. Ensuite, rendez-vous à l'un des vignobles qui façonnent le paysage des Finger Lakes. Continuez votre route en direction de Corning et visitez le Musée du verre, reconnu mondialement pour sa verrerie fine. Vous y découvrirez l'histoire de la fabrication du verre, de l'Antiquité à nos jours. Profitez-en pour apprendre à souffler le verre.

Les paysages inspirants du New Hampshire

Pêcheurs près de Syracuse

Ferme vermontoise

Pont sur la rivière Pemigewasset, au New Hampshire

Les ponts couverts

Le New Hampshire compte le plus grand nombre de ponts couverts en Nouvelle-Angleterre. Leur structure fermée, à l'instar d'une grange, effrayait moins les chevaux, et leur toit protégeait les poutres de bois de la neige et en retardait donc la dégradation.

Les ponts couverts portaient aussi le sobriquet de «ponts des baisers» en raison de l'intimité qu'ils offraient.

Le mont Washington

Jour 3

Binghamton – Lake George 301 km

Direction Lake George, dans la région du parc Adirondack. En cours de route, visitez la caverne de Howe, sculptée par les éléments naturels, il y a plusieurs millions d'années. À votre arrivée à Lake George, embarquez sur un bateau à aubes pour faire une croisière. Faites la tournée des antiquaires dans Main Street ou quelques achats dans les *outlets*.

Jour 4

Lake George – Laconia 260 km

Aujourd'hui, quittez en direction du lac Winnipesaukee, au New Hampshire. En cours de route, faites un arrêt à la gorge de Quechee afin de découvrir le petit « Grand Canyon » du Vermont. En après-midi, reprenez la route vers Meredith et faites une balade en train sur le Winnipesaukee Scenic Railroad pour mieux découvrir les paysages campagnards de la Nouvelle-Angleterre. Arrivée en fin de journée à Laconia. Profitez de votre soirée pour aller au ciné-parc de Weirs Beach.

Jour 5

Laconia – North Conway 83 km

Découvrez la région des lacs en vous offrant un dîner-croisière sur le lac Winnipesaukee et laissez-vous charmer par les reflets colorés des îles sur ses eaux. Visitez une magnifique demeure juchée dans les montagnes Ossipee. Surnommée le « Château dans les Nuages », elle offre une vue imprenable sur le lac.

Jour 6

North Conway

Visitez le parc d'État Franconia Notch pour y découvrir une curiosité locale : un bloc de granit surnommé *Old Man of the Mountain*, qui semble avoir un profil humain. Les plus aventureux voudront faire une randonnée sur le mont Washington. Quant aux amateurs de magasinage, ils se rendront dans les *outlets*, alors que les œnophiles visiteront les vignobles.

Patinoire à Central Park

▶ **Quand y aller ?**
En décembre, pour la magie des Fêtes.

▶ **3 jours**

▶ **Séjour à New York**

Pour qui ? Pourquoi ?

Pour les amoureux de paysages urbains électrisants et pour les amateurs de musées, de gastronomie et de lèche-vitrine !

Inoubliable...

- *Voir une pièce de théâtre sur Broadway.*
- *Visiter les musées sur le* Museum Mile *de la Fifth Avenue, l'avenue la plus connue de New York.*
- *Patiner à Central Park ou devant le Rockefeller Center.*

Escapade à New York

La ville de New York, surnommée la « Grosse Pomme », reçoit des visiteurs toute l'année. Cette popularité n'est pas le fruit du hasard : New York possède un atout majeur, soit des attraits dominants et reconnus mondialement. Nous n'avons qu'à penser à la célèbre statue de la Liberté, à Central Park ou encore à l'Empire State Building. New York sait à la fois éblouir, étourdir et charmer le cœur de tous ses visiteurs, de sorte que chacun d'eux rêve d'y retourner.

Ne partez pas sans y avoir goûté !

New York est la capitale gastronomique des États-Unis, et l'on y trouve des spécialités des quatre coins du monde. La ville est toutefois aussi reconnue pour ses propres spécialités culinaires, souvent introduites par sa grande communauté juive. Voici donc ce que vous ne devriez pas manquer lors de votre passage à New York :

- **sandwich au pastrami**
- ***cheesecake***
- ***bagels***
- ***street food*** (cuisine de rue)
- ***egg cream*** (boisson typiquement new-yorkaise composée de sirop de chocolat, de lait et d'eau gazéifiée)
- **cornichons new-yorkais**
- ***soul food*** (cuisine traditionnelle afro-américaine du sud des États-Unis très présente à Harlem)

Votre guide : **Bruno Lecot** (voir p. 201)

Son coup de cœur : *Times Square la nuit*

New York est un incontournable pour tous les visiteurs. Les amateurs de gastronomie, de musées et de lèche-vitrine y sont au paradis ! J'aime surtout me promener sur Times Square la nuit, pour voir la rue complètement illuminée par les fameux panneaux publicitaires et pour vivre son ambiance survoltée. La rue est alors remplie de touristes et de passants, certains pressés, d'autres marchant tranquillement, sortant des spectacles de Broadway ou des restaurants. Times Square est impressionnant de jour, mais de nuit, il est grandiose.

Itinéraire

Jour 1
L'Empire State Building et Times Square

Dès votre arrivée à New York, faites l'ascension de l'Empire State Building, d'où vous aurez une vue imprenable sur la ville. Puis, promenez-vous sur Times Square, désormais piétonnier, pour vous imprégner de cette place à l'effervescence si particulière et qui est enviée à travers le monde.

Jour 2
Le sud de Manhattan et la statue de la Liberté

Commencez votre journée par la découverte de la cathédrale St. John the Divine, la plus grande cathédrale au monde, les quartiers de Chinatown, de la Petite Italie, de Soho, ainsi que celui des affaires, avec le nouveau One World Trade Center et son émouvant mémorial. Puis, rendez-vous à Battery Park afin de faire une croisière vers l'île de Liberty pour voir la statue de la Liberté et avoir une vue superbe sur New York. Arrêtez-vous enfin à Ellis Island afin de visiter le Musée de l'immigration (nous vous conseillons d'acheter les billets à l'avance).

Jour 3
Central Park et la Fifth Avenue

Ce matin, rendez-vous dans ce qui est considéré comme le poumon de Manhattan, Central Park, pour y découvrir entre autres le zoo, le mémorial en l'honneur de John Lennon et le Metropolitain Museum of Art. Terminez votre visite en vous promenant sur l'une des avenues les plus réputées et célèbres du monde, la Fifth Avenue.

New York à la carte

Population 8 300 00 habitants (ville) ; plus de 25 millions d'habitants (agglomération).

Point le plus haut One World Trade Center (541 m)

Un plat Le *pastrami on rye*, sandwich à la viande fumée dont la recette a été importée d'Europe de l'Est par des immigrants juifs aux cours des années 1930, que l'on déguste dans les fameux *delis* de New York.

Quelques airs *Mrs. Robinson*, de Simon & Garfunkel ; *New York State of Mind*, de Billy Joel ; *New York, New York*, de Frank Sinatra ; *Empire State of Mind*, de Jay-Z et Alicia Keys ; *Walk on the Wild Side*, de Lou Reed.

▶ **Quand y aller ?**
De mai à octobre

Le Philadelphia Museum of Art

▶ **4 jours**

▶ **De Philadelphie à Lancaster**

Pour qui ? Pourquoi ?

Un retour aux sources dans le berceau de l'indépendance américaine.

Inoubliable...

- *Admirer la Liberty Bell, symbole de Philadelphie et de l'indépendance américaine.*
- *Visiter la cellule d'Al Capone, à l'Eastern State Penitentiary, l'Alcatraz de la Pennsylvanie.*
- *Profiter du festival de crème glacée à volonté, en juin.*

Philadelphie et les Amish

Découvrez *Philly*, ancienne capitale américaine, quartier général lors de la guerre de l'Indépendance et lieu de naissance des États-Unis. Une importante tranche de l'histoire américaine s'est jouée à Philadelphie, où les Américains ont acquis leur liberté, aujourd'hui considérée comme un droit sacré. Découvrez comment la malédiction de Billy Penn aurait affecté les équipes sportives de la ville ; goûtez à la cuisine locale en dégustant un *cheesesteak*, ce sandwich à la viande et au fromage, et visitez Independence Hall, l'un des sites classés au patrimoine mondial de l'UNESCO.

Votre guide : **Bruno Lecot** (voir p. 201)

Son coup de cœur : ***Un repas chez les Amish***

En automne, il fait vraiment bon se promener dans la région de Philadelphie. C'est aussi la meilleure période pour aller visiter les Amish, ces gens qui vivent en plein cœur des États-Unis mais sans aucune commodité de la vie moderne. J'aime aller dans le village de Kitchen Kettle pour déguster des produits typiquement amish. Préparés avec des aliments frais, leurs repas champêtres et traditionnels vous raviront : il ne faut pas manquer l'occasion d'en savourer un au moins une fois.

Attelage amish à Lancaster

Itinéraire

Jour 1
Philadelphie : Du port au Fairmount Park

Découvrez le port, le centre-ville, le parc Fairmount et le Benjamin Franklin Parkway ainsi que l'Independence National Historic Park. Flânez dans l'Old City Historic District, aux ruelles pavées et aux places arborées, à la recherche de la célèbre Liberty Bell. Terminez votre journée en musique au très *roots* Warmdaddy's.

Jour 2
Philadelphie et les musées de la ville

L'art est omniprésent à Philadelphie, que ce soit dans les musées, dans la rue, mais aussi sur les murs des édifices de la ville de « l'amour fraternel ». Le cinéphile amateur d'art montera les marches du Philadelphia Museum of Art, avec en tête la bande originale du film *Rocky*. À proximité du musée se trouve d'ailleurs une statue de bronze plus grande que nature du boxeur, interprété par l'acteur et réalisateur Sylvester Stallone, qui la légua à la Ville de Philadelphie après le tournage. Non loin de là, la fondation Barnes, avec ses belles toiles de maîtres impressionnistes et postimpressionnistes français, justifie à elle seule le voyage. Aventurez-vous aussi dans South Street, qui traverse le quartier des nouvelles tendances, ou faites un saut jusqu'à l'Eastern State Penitentiary.

Jour 3
Philadelphie – Lancaster
129 km

Au Kennett Square, admirez les sculptures végétales, les fontaines et les plans d'eau des jardins Longwood. Conçus il y a près d'un siècle, ces jardins comptent parmi les plus beaux du monde. Puis, dirigez-vous vers Lancaster.

Jour 4
Lancaster

Faites un retour dans le passé au pays Amish. Découvrez comment vit cette communauté méconnue. Dînez dans le village de Kitchen Kettle et faites le plein des nombreux produits frais régionaux. Puis, visitez une ferme et une maison amish, pour voir comment se déroule la vie de tous les jours sans les commodités du monde moderne.

Philadelphie à la carte

Population 1 556 000 habitants

Point le plus haut Comcast Center (297 m)

Un plat Le *cheesesteak*, ce populaire sandwich composé d'un pain italien, de fines tranches de bœuf sauté et de fromage.

Quelques airs *Maneater*, de Hall & Oates ; *I Love Rock 'n' Roll*, de Joan Jett and the Blackhearts ; *Lady Marmalade*, de Patti LaBelle.

Le Thomas Jefferson Memorial

▶ **Quand y aller ?**
En mars et avril, pour voir les cerisiers en fleurs.

▶ **4 jours**

▶ **Séjour à Washington**

Pour qui ? Pourquoi ?

Le voyageur intéressé par l'histoire des États-Unis appréciera ce séjour dans la capitale américaine, de même que les amateurs de musées.

Inoubliable...

- *Assister au Festival national des cerisiers en fleurs aux mois de mars et d'avril.*
- *Se promener sur le National Mall pour découvrir la succession de musées et de monuments.*
- *Jouer à l'espion à l'International Spy Museum.*
- *Faire la tournée des galeries d'art dans le quartier de Dupont Circle.*

Escapade à Washington

Découvrez la capitale fédérale des États-Unis, l'une des destinations les plus touristiques du pays. Retracez l'histoire de cette jeune nation avec ses monuments érigés en l'honneur des grands présidents, mais aussi en explorant ses nombreux musées gratuits. Grande ville américaine, Washington diffère des autres villes, notamment par l'harmonie de ses larges avenues, son absence de gratte-ciel, mais également par ses édifices publics d'un blanc immaculé.

Votre guide :

Bruno Lecot (voir p. 201)

Son coup de cœur :

La ville de nuit, avec tous les édifices illuminés

Je préfère aller à Washington en avril, ce qui coïncide avec le Festival national des cerisiers en fleurs. C'est le soir que la visite de Washington est la plus intéressante. Chacun des grands édifices blancs de la ville se dresse dans la nuit, tous éclairés par des lumières blanches. Bien qu'impressionnants pendant la journée, ils deviennent un peu surréalistes et encore plus imposants, démontrant la grandeur de cette jeune nation que sont les États-Unis.

Qu'est-ce que le Smithsonian ?

Le Smithsonian Institute est en fait un vaste complexe qui regroupe 19 musées, un parc zoologique et plusieurs départements de recherche. Il s'agit du plus grand ensemble de musées et de galeries d'art au monde. Soutenu par le gouvernement fédéral, en plus de recevoir d'importants fonds privés, l'institut Smithsonian compte désormais plus de 140 millions d'objets retraçant tous les aspects de l'évolution de l'homme. Fidèle à son engagement de développer le savoir parmi les hommes, le Smithsonian veille également à promouvoir l'enseignement public et la recherche tant au niveau primaire qu'universitaire. Parallèlement, il soutient activement les arts du spectacle en organisant une grande variété d'activités culturelles.

Itinéraire

Jour 1

Washington

Visitez la capitale fédérale : la Maison-Blanche, le Capitole, la Bibliothèque du Congrès, le Ford's Theatre, où Lincoln a été assassiné, le fleuve Potomac et le cimetière d'Arlington. En soirée, découvrez les monuments illuminés de Washington, Lincoln et Jefferson.

Jour 2

Les musées

Avec plus de 100 attractions et musées gratuits à travers la ville, Washington est une ville abordable pour les familles. Visitez un des musées de l'institut Smithsonian : le Musée national de l'air et de l'espace, le Musée national d'histoire naturelle, la Galerie nationale des arts ou encore le Musée international d'espionnage. Reposez-vous de votre journée dans le quartier de Dupont Circle, en prenant un verre ou en visitant l'une de ses nombreuses galeries d'art.

Jour 3

Quartier historique

Arpentez les rues de Georgetown, ce quartier historique et branché de Washington, avec son architecture typique, ses rues ombragées, ses boutiques et restaurants, ainsi que son université renommée. Pour une vue magnifique, promenez-vous sur le bord du canal C&O. Parcourez le quartier à la recherche des différentes ambassades.

Jour 4

Excursions 50 km

Visitez Mount Vernon, propriété de George Washington, sa magnifique demeure, sa ferme et ses jardins. Découvrez également la ville portuaire pittoresque d'Alexandria, en Virgine, connue pour son quartier historique et sa fascinante architecture.

Washington à la carte

Population 646 000 habitants

Bâtiment le plus élevé Washington Monument (169 m)

Un plat Le *soft shell blue crab*, ou crabe bleu à carapace molle, se trouve principalement dans les eaux de la baie de Chesapeake, non loin de Washington. Servi frit, farci ou en salade, il constitue une spécialité culinaire du Maryland, État limitrophe du District of Columbia.

Quelques airs *I Heard It Through the Grapevine*, de Marvin Gaye ; *Satin Doll*, de Duke Ellington ; *Winter*, de Tori Amos.

Paysage de l'Île-du-Prince-Édouard

Les provinces canadiennes de l'Atlantique

Peggy's Cove

▶ ***Quand y aller?***
En août, pour la température clémente et les festivals acadiens.

▶ 9 jours

▶ De Fredericton à Caraquet

Pour qui? Pourquoi?

Pour ceux qui veulent mieux connaître l'histoire de l'Est canadien à travers des activités historiques et culturelles.

Inoubliable...

- *Faire une excursion à Peggy's Cove.*
- *Se promener sur la plage de Cavendish, à l'Île-du-Prince-Édouard.*
- *Prendre un verre dans l'un des nombreux pubs irlandais du port d'Halifax.*

Les **Maritimes**

Les Maritimes vous ouvrent leurs portes avec cet itinéraire qui vous permettra de découvrir les grandes villes de l'est du Canada, de charmants petits villages, des édifices patrimoniaux, des panoramas époustouflants et même des lieux rappelant de grandes œuvres littéraires. Explorer ce coin de pays permet aussi de mieux comprendre l'histoire de ses habitants, truffée de rebondissements et de dénouements tantôt heureux, tantôt malheureux...

11

Votre guide : **Luc de Bellefeuille** (voir p. 201)

Son coup de cœur :
Le Cabot Trail

Le parc national des Hautes-Terres-du-Cap-Breton, avec son fameux circuit du Cabot Trail, où se trouve entre autres le musée d'Alexander Graham Bell à Baddeck, constitue mon coup de cœur dans les Maritimes. J'aime beaucoup me promener sur le front de mer dans le port d'Halifax entre le Casino et le Musée canadien de l'immigration du Quai 21. Les Maritimes portent bien leur nom et la météo est en conséquence. Agréablement tempérée et parfois chaude en été, la région impose cependant de se munir de vêtements en prévision de la pluie occasionnelle et de soirées plus fraîches.

Itinéraire

Jour 1

Fredericton

En ce début d'itinéraire, prenez le temps de sillonner les rues de la capitale provinciale du Nouveau-Brunswick : le Parlement, la Christ Church, les anciens quartiers militaires réhabilités et l'université. Assistez à la relève de la garde dans le Quartier historique de la garnison. Le tout se fait en tenue d'époque, et au son de la cornemuse et du tambour.

Jour 2

Fredericton – Digby **185 km**

Faites une escale au Village historique de Kings Landing, qui présente aux visiteurs la reconstitution d'un village loyaliste du XIXe siècle avec le concours de 170 figurants en costumes d'époque. Faites ensuite route en direction de Saint-Jean, aux abords de la baie de Fundy, afin de prendre le traversier pour Digby, en Nouvelle-Écosse.

Jour 3

Digby – Halifax **239 km**

Ce matin, marchez sur les traces des explorateurs français à Annapolis Royal : le Lieu historique national du Fort-Anne, ancien bastion français, et l'Habitation de Port-Royal, réplique de l'un des premiers établissements européens au Canada. En après-midi, visitez le Lieu historique national de Grand-Pré, qui commémore l'établissement des Acadiens jusqu'en 1755, et leur déportation vers l'Europe et les États-Unis. Vous y verrez entre autres la statue d'Évangéline, héroïne du poème de Henry Wadsworth Longfellow. Reprenez ensuite la route vers Halifax.

Jour 4

Halifax – Excursion à Peggy's Cove **90 km**

Visitez la ville d'Halifax, capitale de la Nouvelle-Écosse et plus grande ville des Maritimes. Voyez plus spécifiquement le Parlement, les jardins publics, les installations portuaires et le Lieu historique national de la Citadelle-d'Halifax. En après-midi, partez pour Peggy's Cove, ce charmant petit village de pêcheurs au décor incomparable, où se marient ciel et terre au son incessant des vagues qui viennent se briser sur les récifs.

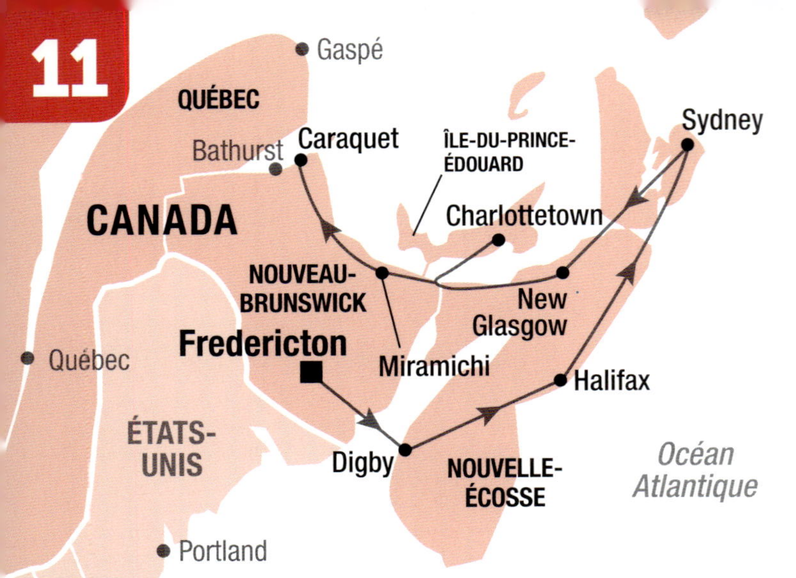

La maison Green Gables

Les Jardins publics d'Halifax

Plage de Cavendish

Jour 5

Halifax – Sydney **466 km**

Départ à destination de l'île du Cap-Breton. Remontez dans le temps jusqu'en 1744 en visitant la plus importante reconstitution de ville fortifiée française du XVIIᵉ siècle en Amérique du Nord : le Lieu historique national de la Forteresse-de-Louisbourg. Plus de 50 bâtiments fidèlement reconstruits vous ouvrent leurs portes, et des personnages hauts en couleur en costumes d'époque recréent l'atmosphère du XVIIIᵉ siècle.

Jour 6

Sydney – New Glasgow **243 km**

Départ pour le parc national des Hautes-Terres-du-Cap-Breton, qui est ceinturé par le célèbre et spectaculaire Cabot Trail. Cette superbe route qui longe les falaises et les pics rocailleux de l'île du Cap-Breton offre des panoramas exceptionnels, ce qui en fait le plus beau site de l'Est canadien. Arrêtez-vous en cours de route pour vous permettre d'apprécier les paysages incluant le pittoresque village de Chéticamp. En après-midi, visitez le Lieu historique national Alexander-Graham-Bell, où vous pourrez découvrir une importante collection d'objets, de photos et de documents liés au célèbre physicien et inventeur du téléphone.

Jour 7

New Glasgow – Charlottetown **110 km**

Rendez-vous à Caribou pour traverser le détroit de Northumberland jusqu'à Wood Islands (durée 1h15). Puis, continuez vers Charlottetown, berceau de la Confédération canadienne, aujourd'hui la capitale de l'Île-du-Prince-Édouard. Au programme : l'agréable port où se trouve la Salle des Fondateurs, le Peake's Wharf, le parc Victoria et la basilique St. Dunstan. Ne manquez pas le Lieu historique national Province House, édifice parlementaire où se sont réunis les pères de la Confédération en 1864.

Jour 8

Charlottetown – Miramichi **267 km**

Filez à travers la plus petite province canadienne jusqu'au parc national de l'Île-du-Prince-Édouard et rendez-vous à Cavendish, où se trouve l'une des plus belles plages des Maritimes. Visitez la maison Green Gables, immortalisée dans le célèbre roman *Anne, la maison aux*

Pont de la Confédération

pignons verts. Traversez le pont de la Confédération, qui mène au Nouveau-Brunswick; puis, à Bouctouche, visitez le Pays de la Sagouine. Ce splendide site recrée l'atmosphère de l'Acadie du début du XXe siècle. Les personnages colorés sont inspirés de la pièce de théâtre à grand succès *La Sagouine* d'Antonine Maillet.

Jour 9

Miramichi – Caraquet

113 km

Faites route vers Caraquet, où vous pourrez visiter le Village Historique Acadien. Des guides-interprètes en costumes d'époque vous révèleront l'histoire et la vie des Acadiens après leur déportation de Grand-Pré. Des bâtiments authentiques, dont certains datent de 1770, vous mettront aisément dans l'ambiance.

Les Maritimes à la carte

Nouveau-Brunswick

Le Nouveau-Brunswick est la seule province canadienne officiellement bilingue.

Superficie 72 908 km²

Population 755 000 hab.

Densité 10,4 hab./km²

Capitale Fredericton

Villes principales
Moncton (138 000 hab.), Saint John (127 000 hab.), Fredericton (94 000 hab.)

Nouvelle-Écosse

Superficie 55 284 km²

Population 945 000 hab.

Densité 17,1 hab./km²

Capitale Halifax

Villes principales
Halifax (390 000 hab.), Sydney Cape Breton (101 000 hab.)

Île-du-Prince-Édouard

Superficie 5 660 km²

Population 145 000 hab.

Densité 25,6 hab./km²

Capitale Charlottetown

Villes principales
Charlottetown (35 000 hab.), Summerside (15 000 hab.)

Un plat Le fricot acadien, un savoureux ragoût composé de poulet et de légumes.

Quelques airs à écouter sur la route
Hélène, de Rock Voisine; *Je veux toute la vivre ma vie*, d'Angèle Arsenault; *Paquetville*, d'Édith Butler; *Évangéline*, de Marie-Jo Thério; *Y fait chaud*, de Lisa LeBlanc; *Snowbird*, d'Anne Murray; *Sign of the Gypsy Queen*, d'April Wine.

▸ **Quand y aller ?**
En juillet, pour assister aux jeux des Highlands d'Antigonish.

Lieu historique national de la Forteresse-de-Louisbourg

▸ 7 jours

▸ De Pictou à Lunenberg

Pour qui ? Pourquoi ?

Pour ceux qui veulent en apprendre plus sur les us et coutumes et la musique gaélique.

Inoubliable...

- *Assister à la compétition des Jeux des Highlands au mois de juillet à Antigonish.*
- *Apprendre à jouer de la cornemuse chez John Walsh Bagpipes.*
- *Écouter un groupe de musique traditionnelle dans un pub d'Halifax.*

La route celtique

La Nouvelle-Écosse est riche d'un patrimoine très différent du reste du Canada. Les Écossais et les Irlandais ayant émigré ici il y a plusieurs centaines d'années, ils ont laissé des traces, que ce soit dans les spécialités locales, la musique, mais également dans les traditions. Découvrez les distilleries, les nombreux festivals et les petits pubs chaleureux, apprenez les danses traditionnelles et admirez le paysage magnifique de cet unique bastion celtique toujours florissant en Amérique du Nord.

Pictou

Jeux des Highlands

Ingonish

Itinéraire

Jour 1

Pictou

Découvrez Pictou, cette ville portuaire historique et lieu de naissance de la Nouvelle-Écosse. Voyez la réplique du navire *Hector*, qui amena les premiers immigrants écossais dans la région en 1773, avec comme promesse une terre et une vie meilleure dans le Nouveau Monde. Rendez-vous au centre d'interprétation du Hector Heritage Quay, où vous pourrez voir une forge et un atelier de menuiserie, en plus de rencontrer des artistes.

Jour 2

Pictou – Mabou **183 km**

En route vers Mabou, arrêtez-vous à Antigonish, un centre culturel majeur doté d'un héritage écossais. Observez des artisans fabriquant des cornemuses chez John Walsh Bagpipes et profitez-en pour leur demander une leçon. C'est à Antigonish que chaque année, en juillet, vous pouvez assister à la compétition des Jeux des Highlands, la plus ancienne et la plus importante célébration de la culture écossaise à l'extérieur de l'Écosse. Continuez vers l'île du Cap-Breton, où les traditions écossaises ainsi que le folklore gaélique sont toujours vivants le long du Ceilidh Trail. Découvrez le Centre d'interprétation de la musique celtique à Judique, où vous pourrez en apprendre plus sur l'histoire de la musique de l'île du Cap-Breton. Puis, rendez-vous aux jardins Tartan, pour admirer l'héritage écossais à travers plus de 12 000 fleurs plantées pour former les tartans des clans MacDonald, Ranald et Cap-Breton. À Glenville, visitez la distillerie de whisky Glenora.

Jour 3

Mabou – Ingonish

158 km

Aujourd'hui, explorez le Cabot Trail, cette autoroute côtière souvent décrite comme la plus spectaculaire route d'Amérique du Nord. Elle entoure les splendeurs rocheuses du nord de l'île du Cap-Breton

Distillerie de whisky Glenora, à Glenville

Fabrication de cornemuses

Croix celtique à Antigonish

La culture gaélique

Il y a quelque 2 500 ans, la culture et les langues celtiques commencèrent à se propager dans l'actuelle Europe de l'Ouest. Avec les siècles, la culture celtique se retrancha sur les côtes ouest de l'Europe : Irlande, Écosse, pays de Galles, Cornouailles, île de Man, Bretagne. Au tournant du XVIIIe siècle jusqu'au milieu du XIXe siècle, en raison de pressions politiques, économiques, religieuses et culturelles, plusieurs dizaines de milliers de Gaëls quittèrent l'ouest de l'Écosse pour se rendre en Nouvelle-Écosse. Et 25 000 d'entre eux vinrent à l'île du Cap-Breton, où leur culture et leur langue se sont développées. Pour la plupart, le gaélique était leur première langue. Au début du siècle dernier, environ 75 000 personnes parlaient le gaélique sur l'île du Cap-Breton. Aujourd'hui, les descendants des colons écossais qui se sont établis dans la province, les Gaëls, s'enorgueillissent de leur patrimoine ancien. Il faut reconnaître qu'ils ont largement contribué à la diversité culturelle de la Nouvelle-Écosse et de toute l'Amérique du Nord. Leur langue et leur culture (chansons, histoires, mélodies, danses d'antan) ont de fait influencé de très nombreuses personnes, collectivités et institutions.

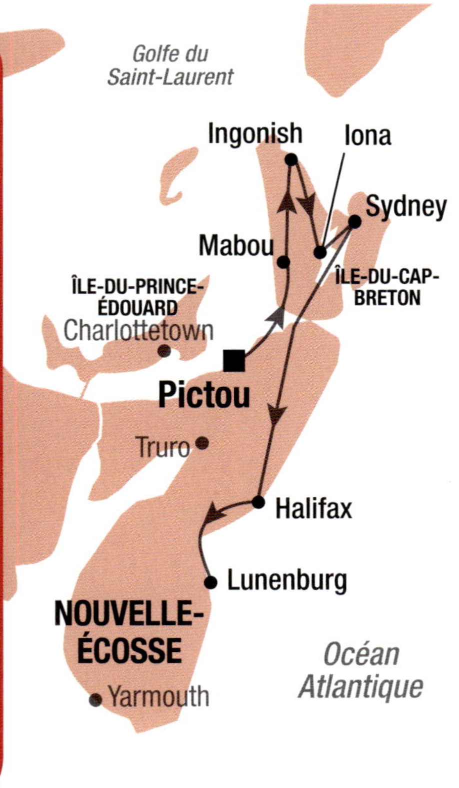

tout en montant vers le parc national des Hautes-Terres-du-Cap-Breton. N'oubliez pas de vous arrêter dans les haltes routières pour admirer les superbes points de vue, d'où vous pourrez observer la faune marine ainsi que des aigles à tête blanche.

Jour 4

Ingonish – Iona 144 km

Continuez votre visite de l'île du Cap-Breton en vous rendant à Iona. Arrêtez-vous au Collège gaélique d'art et d'artisanat celtique, le seul en Amérique

Lunenburg

du Nord. Vous y verrez notamment les différents costumes traditionnels des clans qui se sont établis dans la région. Découvrez des siècles d'héritage gaélique en explorant le village-musée de Highland, ce site pittoresque sur le bord du détroit de Barra, où des animateurs costumés vous en apprendront plus sur les traditions et la vie dans un village des Highlands du XVIIIe siècle.

Jour 5

Iona – Sydney **63 km**

Remontez dans le temps jusqu'en 1744 en visitant la plus grande reconstitution historique en Amérique du Nord: le Lieu historique national de la Forteresse-de-Louisbourg. Plus de 50 bâtiments fidèlement reconstruits vous ouvrent leurs portes, et des personnages en costumes d'époque recréent l'atmosphère du XVIIIe siècle.

Jour 6

Sydney – Halifax

400 km

Faites route vers Halifax. À Antigonish, vous avez le choix de continuer par la route sur le bord de l'eau au sud, ou bien par la ville de Truro, au nord d'Halifax. Arpentez les rues de la ville d'Halifax, capitale de la province et plus grande ville des Maritimes. Voyez plus spécifiquement le parlement provincial, les jardins publics, les installations portuaires et le Lieu historique national de la Citadelle-d'Halifax.

Jour 7

Halifax – Lunenburg

100 km

Ce matin, partez pour Peggy's Cove, ce charmant petit village de pêcheurs sur la côte Atlantique. Son décor incomparable, où se marient ciel et terre au son incessant des vagues qui viennent se briser sur les récifs, est superbe. Continuez votre route vers Lunenberg, établie en 1763 comme deuxième colonie britannique en Nouvelle-Écosse après Halifax. La ville est reconnue pour sa fabrication de bateaux et plus particulièrement du *Bluenose*.

Maison typique et cages à homards.

▶ **5 jours**

▶ **De Fredericton à Caraquet**

Pour qui? Pourquoi?

Pour aller à la rencontre des chaleureux Acadiens et explorer le Nouveau-Brunswick, province à la géographie d'une remarquable diversité.

Inoubliable…

- *Voir les célèbres «pots de fleurs», phénomène d'érosion causé par les marées les plus élevées au monde à Hopewell Cape.*
- *Parcourir la route du littoral acadien pour profiter des plages sablonneuses et de la côte rocheuse.*
- *Faire une excursion sur l'île Miscou pour pique-niquer avec des fruits de mer tout en admirant la beauté des lieux.*

Sur les traces des **Acadiens**

L'histoire d'Évangéline et de Gabriel, décrite dans le poème de Henry Wadsworth Longfellow, illustre cette calamité que fut la déportation, appelée le Grand Dérangement, qu'ont vécue tant de familles acadiennes de la région. Durant cette sombre période, en 1755, environ 10 000 des 14 000 Acadiens furent déportés, alors que d'autres se sont cachés ou ont fui dans les bois. Terre d'espoir où la volonté de survivre reste d'actualité, l'Acadie existe toujours aujourd'hui et demeure une culture forte. Découvrez avec ce circuit, l'Acadie d'hier et d'aujourd'hui, son peuple, sa culture, son histoire, son folklore, sa cuisine, sa langue.

Hopewell Cape

Les formations rocheuses du parc de Hopewell Rocks, surnommées les « pots de fleurs », constituent l'un des attraits les plus connus du Nouveau-Brunswick et symbolisent à elles seules toute la force des marées de la baie de Fundy. À marée haute, on dirait des îlots boisés tout juste en retrait de la côte. Puis, en se retirant à marée basse, les eaux mettent à nu de hautes formations sculptées par le va-et-vient incessant des marées. On peut alors explorer les fonds marins à pied, 3h avant la marée basse et jusqu'à 3h après.

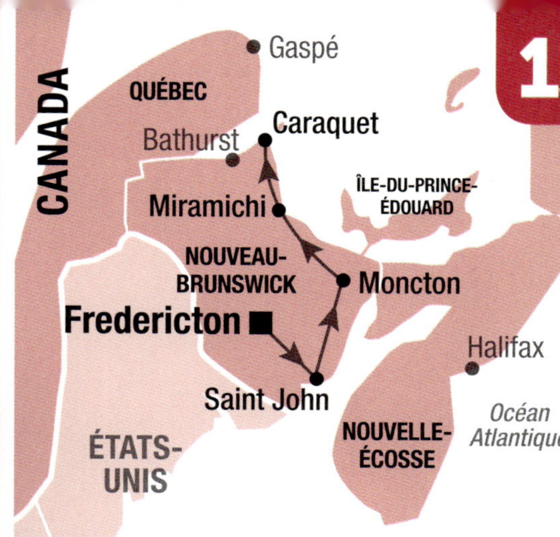

Les « pots de fleurs »

Le drapeau acadien

Itinéraire

Jour 1
Fredericton

Les nombreux attraits de la capitale provinciale vous attendent en cette première journée : le Parlement, la cathédrale Christ Church, les anciens quartiers militaires, l'Université du Nouveau-Brunswick, la place des Officiers et la galerie d'art Beaverbrook. Profitez de l'occasion pour assister à la relève de la garde dans le Quartier historique de la garnison.

Jour 2
Fredericton – St. Andrews – Saint John 240 km

Partez à destination de St. Andrews pour découvrir le charme de ce petit village. Faites une pause dans le parc naturel Irving, une attraction qui englobe six écosystèmes abritant une incroyable diversité végétale et animale.

Jour 3
Saint John – Moncton 212 km

Partez à la découverte de la ville de Saint John, avec son vieux magasin général, le sentier des loyalistes, le marché public, sans oublier les célèbres Chutes réversibles, un phénomène naturel étonnant. Puis, offrez-vous une excursion dans le parc national Fundy, un endroit merveilleux pour admirer la faune, la flore et le littoral.

Jour 4
Moncton – Miramichi 149 km

Partez pour Cape Tormentine, où vous pourrez admirer le pont de la Confédération. Poursuivez votre route vers Bouctouche, où se trouve le Pays de la Sagouine, qui recrée la vie acadienne au début du XXe siècle. Ensuite, l'Éco-Centre Irving de la Dune de Bouctouche vous permettra d'explorer une dune qui s'étend sur pas moins de 12 km.

Jour 5
Miramichi – Caraquet

Dirigez-vous maintenant vers Shippagan pour visiter l'Aquarium et Centre marin. Vous aurez l'occasion de faire connaissance avec différentes espèces de poissons, de crustacés et d'invertébrés marins. Puis, faites un pique-nique sur la jolie île Miscou, avant de vous rendre à Caraquet pour un saut dans le passé au Village Historique Acadien, où des personnages en costumes d'époque vous révèleront la vie des Acadiens d'autrefois.

Quidi Vidi

▶ **10 jours**

▶ **De Corner Brook à St. John's**

Pour qui ? Pourquoi ?

Pour ceux qui veulent découvrir ces terres éloignées, pour un voyage hors des sentiers battus.

Inoubliable…

- *Faire une croisière d'observation des icebergs.*
- *Observer la plus grande colonie de macareux d'Amérique du Nord dans les îles de Witless Bay.*
- *Visiter à pied le charmant et pittoresque village de Quidi Vidi, près de St. John's.*

Terre-Neuve, Labrador et Saint-Pierre-et-Miquelon

Explorez cette région méconnue baignée par les eaux du golfe du Saint-Laurent, aux paysages sauvages et aux gens chaleureux. Voilà une terre découverte il y a plus de 1 000 ans par les Vikings, comme en témoignent des vestiges toujours visibles le long de la côte ouest de l'île de Terre-Neuve jusqu'à l'Anse aux Meadows. Empruntez les routes panoramiques et observez baleines, oiseaux et icebergs. Admirez les maisons colorées de la plus ancienne colonie britannique d'Amérique du Nord, St. John's, aujourd'hui la capitale de la province de Terre-Neuve-et-Labrador. Tapez du pied au rythme de la musique celtique dans un pub de George Street. Découvrez ce coin de pays séduisant avec sa riche histoire et ses paysages sublimes.

Votre guide : **André Jolin** (voir p. 201)

Son coup de cœur :

Les paysages et l'accueil des gens à Terre-Neuve-et-Labrador

Paysages contrastants, mer omniprésente, population ayant le sens de la fête, ici tout est littéralement hors du commun. Cette province, en pleine métamorphose économique, renferme des atouts impressionnants : relief aux composantes impressionnantes qui constituent un laboratoire de la formation de la Terre et de son évolution sous l'effet des périodes glaciaires ; organisation territoriale typique avec la dispersion de la population regroupée dans les baies à l'abri des caprices de la mer ; sens de l'accueil inversement proportionnel à l'économie des moyens. Et ce clin d'œil à Saint-Pierre-et-Miquelon, seul territoire français en Amérique du Nord.

Maisons de St. John's

Western Brook Pond

Macareux à Witless Bay

Itinéraire

Jour 1

Corner Brook

Commencez votre circuit à Corner Brook, deuxième ville de Terre-Neuve en importance après St. John's, et située à l'embouchure de la rivière à saumon Humber. Parmi ses attraits, Corner Brook abrite un musée consacré à l'explorateur James Cook, qui fut le premier à cartographier la région.

Jour 2

Corner Brook – Cow Head

168 km

Aujourd'hui, remontez dans le temps : la région date de 1,25 milliard d'années ! Suivez la piste des Vikings lors de la visite du centre d'interprétation du parc national du Gros-Morne, site du patrimoine mondial de l'UNESCO. Faites une croisière à Western Brook Pond, un des fjords les plus spectaculaires de l'île de Terre-Neuve.

Jour 3

Cow Head – Blanc-Sablon – L'Anse au Clair (Labrador)

348 km

Rendez-vous jusqu'à St. Barbe, où un traversier vous conduira à Blanc-Sablon (durée 1h30). À votre arrivée, visitez le Lieu historique national de Red Bay. Ce site a été, au cours du XVIe siècle, le plus important port de pêche pour les baleiniers basques. Puis, arrêtez-vous à L'Anse Amour, où vous pourrez voir le phare Point Amour, deuxième plus haut au Canada, allumé pour la première fois en 1858.

Jour 4

L'Anse au Clair – L'Anse aux Meadows – Plum Point **280 km**

Reprenez le traversier de Blanc-Sablon vers St. Barbe pour revenir à Terre-Neuve (durée 1h30). Dès l'arrivée, visitez le Lieu historique national de l'Anse aux Meadows, site du patrimoine mondial de l'UNESCO. Il rappelle la présence de la première colonie viking en Amérique du Nord.

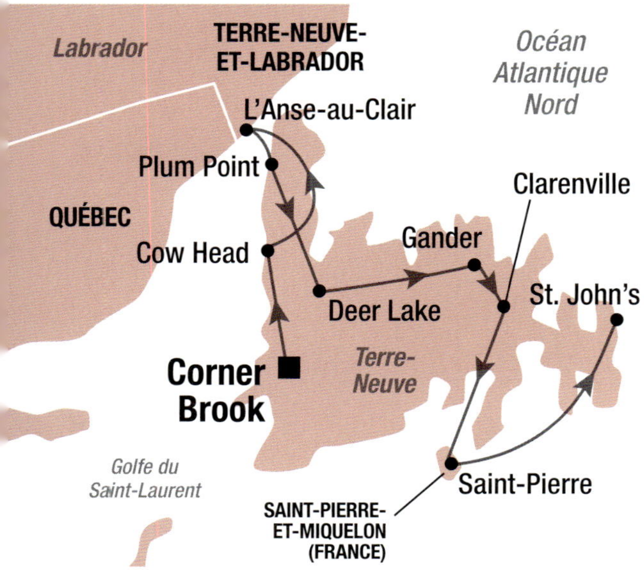

Observation des icebergs

La dérive des icebergs le long des côtes du Labrador et de l'île de Terre-Neuve est certes l'un des phénomènes naturels les plus fascinants que l'on puisse observer. Chaque année, des dizaines de milliers d'icebergs de différentes tailles se détachent des côtes du Groenland, pour lentement dériver vers les eaux méridionales. Le meilleur moment pour apercevoir les icebergs depuis les côtes est d'avril à juin. Les côtes du Labrador, le détroit de Belle Isle, le nord de l'île de Terre-Neuve (notamment depuis Twillingate), la péninsule de Bonavista et la côte est de la péninsule d'Avalon constituent généralement de bons postes d'observation en cette période de l'année.

Jour 5

Plum Point – Deer Lake

333 km

Ce matin, dirigez-vous vers Deer Lake. En cours de route, visitez le Lieu historique national de Port au Choix, qui retrace l'histoire des habitants de la côte ouest de la province. Ensuite, arrêtez-vous dans le parc provincial des Arches, afin d'observer l'érosion causée par la mer et le temps sur les falaises.

Jour 6

Deer Lake – Gander

306 km

Partez pour Twillingate, fondée par des pêcheurs bretons au début des années 1700. Si vous entreprenez votre voyage en juin, profitez de l'occasion pour faire une croisière d'observation des icebergs. Visitez le phare de Long Point, d'où vous aurez une vue imprenable sur l'océan Atlantique. Ensuite, le musée de Twillingate vous fera découvrir la vie quotidienne des habitants de la région, telle qu'elle était au début du XXe siècle.

Jour 7

Gander – Clarenville

376 km

Traversez le parc national Terra-Nova, reconnu pour son centre d'interprétation marin et la présence de nombreuses espèces animales. En après-midi, visitez le célèbre phare de Cape Bonavista. Puis, faites un arrêt à Trinity pour découvrir ce petit village pittoresque, témoin de l'époque faste de cette région, ainsi que le Lieu historique provincial de la Maison Hiscock, ancienne demeure cossue d'un marchand terre-neuvien au début du XIXe siècle.

Jour 8

Clarenville – Saint-Pierre

234 km

Dirigez-vous vers Fortune pour prendre le traversier (durée 1h15) vers l'île de Saint-Pierre, un département français.

Lieu historique national de l'Anse aux Meadows

En après-midi, visitez l'île pour découvrir la cathédrale, les quais et la place du Général de Gaulle.

Jour 9

Saint-Pierre – St. John's

350 km

Profitez de la matinée pour vous promener ou faire quelques achats. En début d'après-midi, retournez à bord du traversier en direction de Fortune. Arrivée dans la capitale de Terre-Neuve-et-Labrador en début de soirée.

Jour 10

St. John's

Découvrez St. John's, l'une des plus anciennes villes d'Amérique du Nord. Au programme : le Lieu historique national de Signal Hill, les vestiges de la batterie de Quidi Vidi et son port de pêche actif depuis le XVIIe siècle, la basilique-cathédrale St. John the Baptist et la cathédrale anglicane du même nom. En après-midi, partez pour Bay Bulls, où vous monterez à bord d'un catamaran pour contempler les îles de Witless Bay. Chaque année, près de deux millions d'oiseaux, dont la plus grande colonie de macareux d'Amérique du Nord, s'y rassemble. En début de saison, il arrive fréquemment d'y voir des icebergs. Sur le chemin du retour, arrêtez-vous à Cape Spear, la pointe du continent la plus proche de l'Europe.

Terre-Neuve-et-Labrador à la carte

Superficie 405 700 km^2

Population 527 400 habitants

Densité 1,3 hab./km^2

Capitale et ville principale St. John's (83 000 hab.)

Un plat Le *Jiggs Dinner*, un mets traditionnel composé de bœuf salé, de pois jaunes cassés et de légumes.

Quelques airs à écouter sur la route *No Place Like Home*, de Damian Follett ; *Sonny's Dream*, de Ron Hynes ; *Catch the Wind*, de The Irish Descendants ; *Wave Over Wave*, de Jim Payne.

Vue sur les Laurentides depuis le mont Tremblant

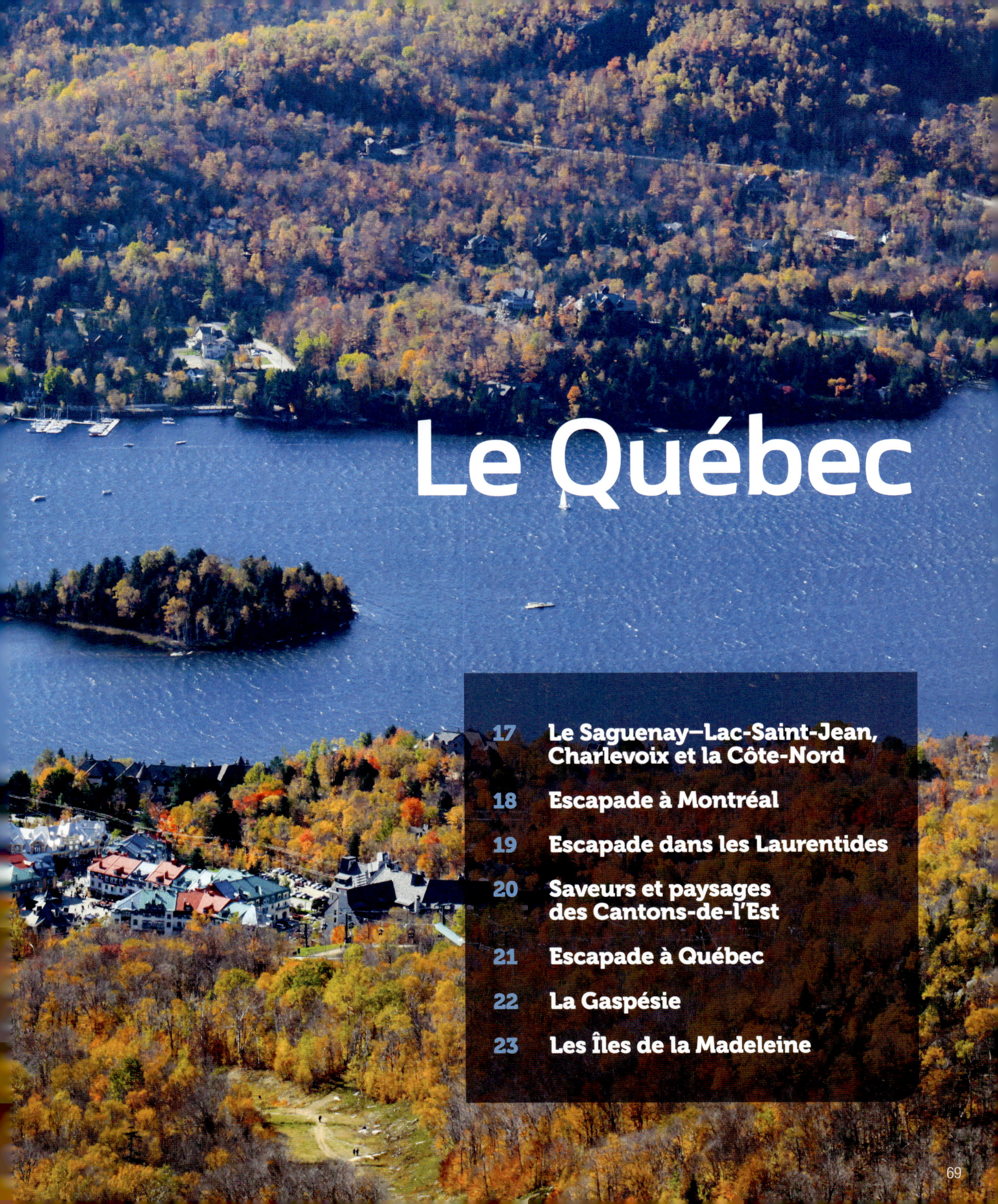

Le Québec

Baie-Saint-Paul

▶ **8 jours**

▶ **De Baie-Saint-Paul à Baie-Comeau**

Pour qui ? Pourquoi ?

Pour les amoureux de la faune, de la flore et des grands espaces.

Inoubliable...

- *Se laisser séduire par l'extraordinaire beauté du paysage en arrivant à Baie-Saint-Paul.*
- *Faire une croisière d'observation des mammifères marins.*
- *Marcher dans les pas de Gilles Vigneault à Natashquan.*
- *Admirer la centrale Manic-2.*
- *Succomber devant la fascinante féerie des monolithes de l'archipel de Mingan.*

Le **Saguenay–Lac-Saint-Jean, Charlevoix** et la **Côte-Nord**

Découvrez avec cet itinéraire tout le charme des régions situées au nord de la ville de Québec : le Saguenay-Lac-Saint-Jean, Charlevoix et la Côte-Nord, qui gagnent à être connues. Faites un tour sur leurs routes pittoresques pour y découvrir de grandes villes et de petits villages, des plages à perte de vue et des paysages grandioses... Venez rencontrer leurs habitants chaleureux qui sauront vous recevoir avec sourire et bonne humeur.

Val-Jalbert

Zoo sauvage de Saint-Félicien

15

Votre guide : Alain Scherer (voir p. 201)

Son coup de cœur :
Charlevoix

Charlevoix est un incontournable et la plus belle région du Québec. En longeant le majestueux fleuve Saint-Laurent, on peut ressentir toute la beauté et la grandeur de Charlevoix. Il faut absolument suivre la route riveraine entre Baie-Saint-Paul et La Malbaie en passant par Les Éboulements pour faire un voyage dans l'histoire. Prenez le temps d'apprécier la route, car à la sortie d'un virage, il y a toujours un paysage magnifique qui s'offre à vous.

Itinéraire

Jour 1
Baie-Saint-Paul – La Malbaie 50 km

Profitez du charme de Baie-Saint-Paul en visitant ses nombreuses galeries d'art avant de prendre la route vers La Malbaie, lieu de villégiature renommé. Visitez ensuite le Musée de Charlevoix, afin de mieux comprendre la région. En après-midi, promenez-vous tranquillement dans la ville, puis tentez votre chance au Casino de Charlevoix.

Jour 2
La Malbaie – Roberval
269 km

Ce matin, quittez en direction de Roberval et faites halte au Village historique de Val-Jalbert. Cet ancien village de compagnie, dont l'usine de pâtes et papiers faisait vivre la majorité des habitants, est maintenant un musée à ciel ouvert. En chemin, faites un arrêt à la fromagerie Perron de Saint-Prime pour déguster différents fromages et visiter le Musée du fromage cheddar.

Jour 3
Roberval – Saguenay
152 km

À bord d'un train baladeur grillagé, vous vivrez une expérience unique pour mieux apprécier la faune et la flore du Zoo sauvage de Saint-Félicien. Puis, en route vers Chicoutimi, arrêtez-vous à Alma pour la visite du Parc thématique L'Odyssée des Bâtisseurs, axé sur l'eau. Découvrez l'importance de l'eau au Lac-Saint-Jean, avec des expositions, des spectacles et un château d'eau.

Jour 4
Saguenay – Tadoussac
126 km

En route vers Tadoussac, une pause à Sainte-Rose-du-Nord permet de jouir d'une vue spectaculaire sur le fjord. À votre arrivée à Tadoussac, faites une croisière d'observation des mammifères marins. Une réservation sur le bateau est conseillée.

Jour 5
Tadoussac – Havre-Saint-Pierre 645 km

En route vers Havre-Saint-Pierre, visitez le phare de Pointe-des-Monts, monument historique dont chacun des sept étages

Natashquan

Les Tremblay

Le nom « Tremblay », qui est le plus répandu au Québec, est tout particulièrement abondant au Saguenay–Lac-Saint-Jean et même dans Charlevoix : environ 8% de la population porterait ce patronyme dans ces deux régions. C'est le 6 août 1647 que l'ancêtre des Tremblay, Pierre Tremblay, est débarqué en Nouvelle-France en provenance de Randonnai, en Normandie. Âgé de 21 ans, il a alors travaillé pour les commerçants Robert Giffard et Noël Juchereau avant d'épouser Ozane Achon en 1657. Ils se sont d'abord établis sur une terre de L'Ange-Gardien, sur la côte de Beaupré, où ont grandi leurs 12 enfants. Leur descendance, qui a aujourd'hui essaimé à travers l'Amérique du Nord, compte 80 000 Tremblay au Québec. Ils ont pour devise : *Tremble et va sans biais*.

Tadoussac

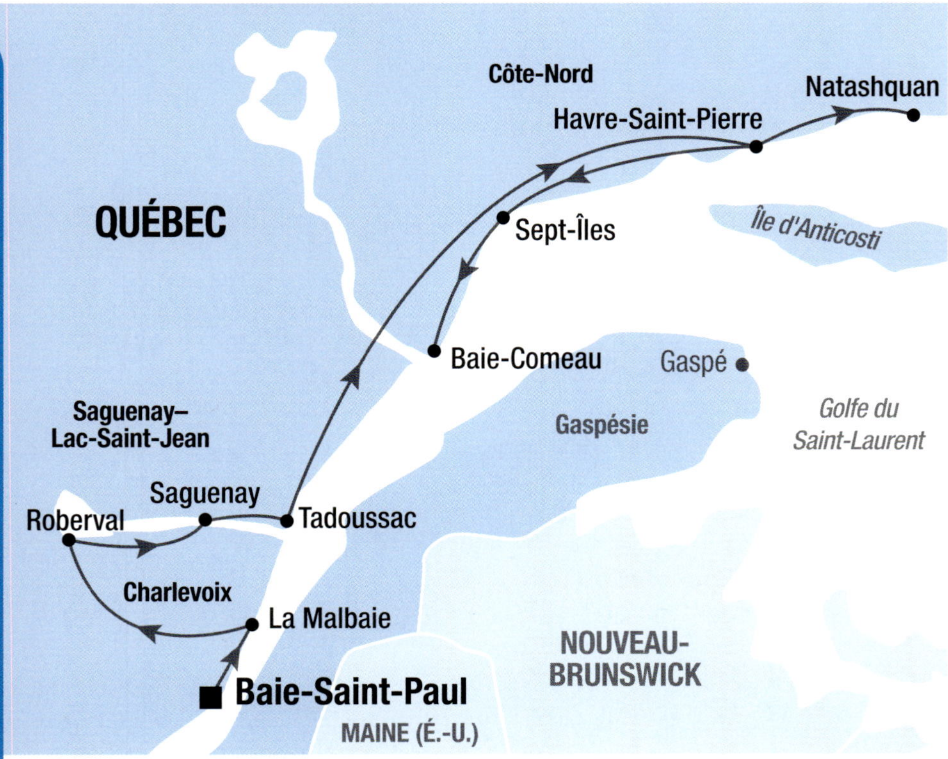

illustre une thématique sur le travail et la vie des gardiens, la navigation et les naufrages. À votre arrivée à Havre-Saint-Pierre, rendez-vous au belvédère de la Montagne-Ronde, qui offre un beau panorama de la ville. Ne manquez pas de déguster les produits frais de la mer dans l'un des nombreux restaurants des environs.

Jour 6
Excursion à Natashquan
314 km

Faites route vers Natashquan, le petit village natal du poète-chansonnier Gilles Vigneault. Baladez-vous sur la plage et rendez-vous jusqu'aux Galets, ces anciennes baraques de pêche classées patrimoine culturel, visitez la Vieille École, ou encore allez jeter un coup d'œil à la maison de Gilles Vigneault.

Jour 7

Havre-Saint-Pierre – Sept-Îles 300 km

Faites une croisière jusqu'à la réserve de parc national de l'Archipel-de-Mingan. Depuis sa création en 1984, elle conserve la valeur patrimoniale, la fragilité et la beauté exceptionnelle des lieux. Vous serez fasciné par le décor féerique des monolithes sculptés par les éléments naturels. Ensuite, partez pour Sept-Îles. En route, arrêtez-vous à l'église montagnaise de Mingan, construite au début du siècle dernier par John Maloney, le « Jack Monoloy » de la chanson de Gilles Vigneault. La petite église est entièrement décorée avec des œuvres produites par des artistes de Mingan. Faites un arrêt à Rivière-au-Tonnerre pour visiter son église, une des seules de style normand en Amérique, entièrement construite en bois. Puis, allez découvrir le petit fruit orangé typique de la région à la Maison de la Chicoutai.

Jour 8

Sept-Îles – Baie-Comeau 275 km

Revivez à Baie-Trinité les grandes tragédies maritimes qui ont marqué l'histoire du Québec des années 1600 à nos jours au Centre national des naufrages du Saint-Laurent. En après-midi, visitez les installations hydroélectriques de Manic-2, deuxième plus grand barrage-poids à joints évidés de la planète, d'où est partie la première ligne de transport d'énergie de 735 kV en 1965.

Le fleuve Saint-Laurent à la carte

Longueur Près de 1 200 km.

Provinces canadiennes et États américains traversés Ontario, Québec, New York.

Principales villes traversées Kingston, Montréal, Trois-Rivières, Québec.

Un plat La soupe aux gourganes, mets typique de la région de Charlevoix, dont l'ingrédient principal est la fève des marais, appelée « gourgane » dans Charlevoix et au Saguenay–Lac-Saint-Jean.

Quelques airs à écouter sur la route *Le fleuve*, de Sylvain Lelièvre ; *Le Saint-Laurent*, d'André Gagnon ; *Saint-Laurent*, de Robert Charlebois ; *Tassez-vous de d'là*, des Colocs.

▶ ***Quand y aller ?***
En juin ou juillet, pour assister à l'un des nombreux festivals de la ville.

Le Plateau Mont-Royal

▶ 4 jours

▶ Séjour à Montréal

Pour qui ? Pourquoi ?

Un court séjour pour ceux qui ont soif de culture.

Inoubliable...

- *Visiter les sous-sols de Pointe-à-Callière, musée d'archéologie et d'histoire de Montréal.*
- *Savourer un café dans la Petite Italie.*
- *Profiter de la vue magnifique sur la ville depuis le belvédère Kondiaronk du mont Royal.*
- *Parcourir les cinq écosystèmes reconstitués à l'intérieur du Biodôme.*

Escapade à Montréal

Ville multiethnique, Montréal a tout d'une grande ville nord-américaine, avec ses gratte-ciel et ses larges avenues. La métropole du Québec possède une personnalité unique en Amérique du Nord, avec ses airs de vieille Europe. Majoritairement francophone sauf pour quelques enclaves anglophones, Montréal est marquée par l'assemblage de quartiers aux univers bien différents. Découvrez une capitale culturelle où les festivals sauront satisfaire même le plus capricieux des visiteurs.

Le Jardin botanique

Le Festival international de jazz de Montréal

Le Festival international de jazz de Montréal, créé en 1980, fait vibrer le centre-ville à la fin de juin et au début de juillet, au rythme de nombreux événements et concerts. Désormais élevé au rang du plus important rendez-vous du jazz au monde, le festival propose une programmation éclectique mettant en vedette des artistes du monde entier, allant des grandes pointures du jazz aux découvertes locales, ainsi qu'un volet important de concerts gratuits en plein air qui attirent plus d'un million de festivaliers.

Le belvédère Kondiaronk

Itinéraire

Jour 1
Montréal et ses quartiers

Apprivoisez la ville en parcourant les rues de ses principaux quartiers, comme le centre-ville pour ses gratte-ciel, le Vieux-Montréal pour ses musées et ses bâtiments historiques, et le Plateau Mont-Royal pour son côté bohème et artistique. Sans oublier le Quartier chinois, la Petite Italie ou encore le Quartier latin.

Jour 2
Ville de musées

Pour en connaître plus sur les origines de la ville, visitez Pointe-à-Callière, musée d'archéologie et d'histoire de Montréal. Ensuite, faites un saut au Musée McCord, qui relate l'histoire du Canada. Si vous en avez le temps, visitez le Musée des beaux-arts de Montréal, une remarquable institution qui dresse un portrait de l'évolution des arts dans le monde depuis l'Antiquité jusqu'à nos jours.

Jour 3
Ville de divertissement

Profitez de la journée pour vous amuser dans les manèges de La Ronde. Si le cœur vous en dit, promenez-vous ensuite dans le parc Jean-Drapeau pour aller voir le circuit de Formule 1 et admirer les œuvres d'art public dont le monumental *L'Homme* d'Alexander Calder, ou détendez-vous à la plage. En soirée, tentez votre chance au Casino de Montréal ou assistez, en juin et juillet, au célèbre concours de feux d'artifice de Montréal, L'International des Feux Loto-Québec.

Jour 4
Ville de science

Consacrez votre journée à la visite des quatre institutions qui forment l'Espace pour la vie: le Biodôme, l'Insectarium, le Jardin botanique et le Planétarium, et profitez-en pour monter au sommet de la Tour du Parc olympique.

▶ **Quand y aller ?**
En septembre, pour admirer les couleurs de l'automne.

Couleurs d'automne

▶ **3 jours**

▶ **De Saint-Sauveur à Mont-Tremblant**

Pour qui ? Pourquoi ?

Pour les passionnés de la nature voulant profiter de paysages exceptionnels.

Inoubliable…

- *Prendre un verre ou un repas à l'une des terrasses de Saint-Sauveur-des-Monts.*
- *Faire une croisière sur le lac des Sables.*
- *Admirer la vue exceptionnelle sur la région du haut du mont Tremblant.*
- *S'éclater à la* via ferrata *de La Diable au parc national du Mont-Tremblant.*

Escapade dans les Laurentides

Située au nord de Montréal, la région des Laurentides est une terre de montagnes, de lacs et de forêts. Elle est particulièrement appréciée des amateurs de sports extérieurs et de grands espaces, mais aussi des passionnés de culture. Les gastronomes en herbe prendront le « Chemin du Terroir » pour y découvrir les produits locaux dans un environnement enchanteur et champêtre. Admirez la beauté des charmants petits villages, faites une randonnée en montagne et découvrez pourquoi les Laurentides sont le paradis des cyclistes.

Tamia

La légende du mont Tremblant

Les Algonquins prétendent que cette montagne, qui surplombe un beau pays de lacs et de forêts, est habitée par des esprits qui la font trembler de colère lorsqu'un individu ou un intrus ne respecte pas les règles édictées par le Conseil des Manitous (autorités surnaturelles pouvant s'incarner dans des personnes ou des objets). Ces lois sacrées sont les suivantes: *Ne tue point, sauf pour te défendre ou par nécessité. Aime la plus humble des plantes et respecte les arbres.* Vous aurez donc été averti...

Station Mont-Tremblant

Itinéraire

Jour 1

Saint-Sauveur

Visitez Saint-Sauveur, municipalité de villégiature englobant le petit village touristique de Saint-Sauveur-des-Monts, qui vous enchantera par son animation et le charme de sa rue principale. Profitez de l'occasion pour découvrir les nombreuses boutiques et restaurants qui bordent cette rue bouillonnante d'activités.

Jour 2

Saint-Sauveur – Sainte-Agathe – Mont-Tremblant **70 km**

Arrêtez-vous à Sainte-Agathe, destination favorite des riches gens d'affaires de Montréal au début du XXe siècle. Faites une croisière sur le lac des Sables. Continuez vers la Station Mont Tremblant, où vous pourrez faire l'ascension en téléphérique panoramique d'un des plus hauts sommets des Laurentides. Découvrez le village piétonnier de Tremblant. Situé au pied des pentes, ce village de style européen vous charmera dès le premier instant. Découvrez-y des restaurants, des boutiques, des cafés et bien plus encore! En soirée, allez tenter votre chance au Casino de Mont-Tremblant.

Jour 3

Mont-Tremblant

Consacrez votre journée à la visite du parc national du Mont-Tremblant, ce vaste territoire de lacs et de rivières qui vous offre liberté et évasion. En canot ou à pied, il vous sera possible de découvrir la faune et la flore de ce parc qui abrite entre autres 40 espèces de mammifères.

▶ Quand y aller ?
En septembre, pour les couleurs et le festival Canard en fête de Lac-Brome.

Lac-Brome

▶ **3 jours**

▶ **De Dunham à Magog**

Pour qui ? Pourquoi ?

Pour les épicuriens voulant vivre une expérience culinaire originale tout en profitant de panoramas splendides.

Inoubliable...

- *Monter au sommet de la tour d'observation du Parc de la Gorge de Coaticook pour la vue imprenable sur la région.*
- *Découvrir les saveurs locales au festival Canard en fête de Lac-Brome.*
- *Goûter au vin de glace lors de la tournée des vignobles.*

Saveurs et paysages des **Cantons-de-l'Est**

Contrée de gourmandise, de culture et de plein air, la région des Cantons-de-l'Est vous ouvre ses portes. Venez découvrir un horizon de montagnes et de grands lacs, ainsi que de beaux villages avec leurs maisons victoriennes. Explorez les boutiques d'antiquaires pour dénicher des trésors. Suivez la Route des vins, rencontrez les vignerons qui partageront avec vous leur amour du bon vin et dégustez les crus de la région. Sillonnez les routes de campagne et profitez des plaisirs champêtres qu'offrent les Cantons-de-l'Est.

Le Parc de la Gorge de Coaticook

Magog

La Route des vins

Le visiteur européen pourra trouver bien prétentieux d'entendre parler de « Route des vins », un parcours de 160 km qui s'étend de Farnham à Lac-Brome, mais l'expérience québécoise en matière de viticulture est tellement surprenante et la concentration de vignobles dans cette région si unique au Québec que l'enthousiasme l'a emporté sur la mesure. Pas de châteaux ni de vieux comtes distingués ici, mais plutôt des viticulteurs débrouillards qui ont dû parfois louer des hélicoptères pour sauver leurs vignes du gel. La majorité des vins ne sont vendus que sur place, mais de gros efforts sont déployés en vue d'une reconnaissance locale et internationale grandissante.

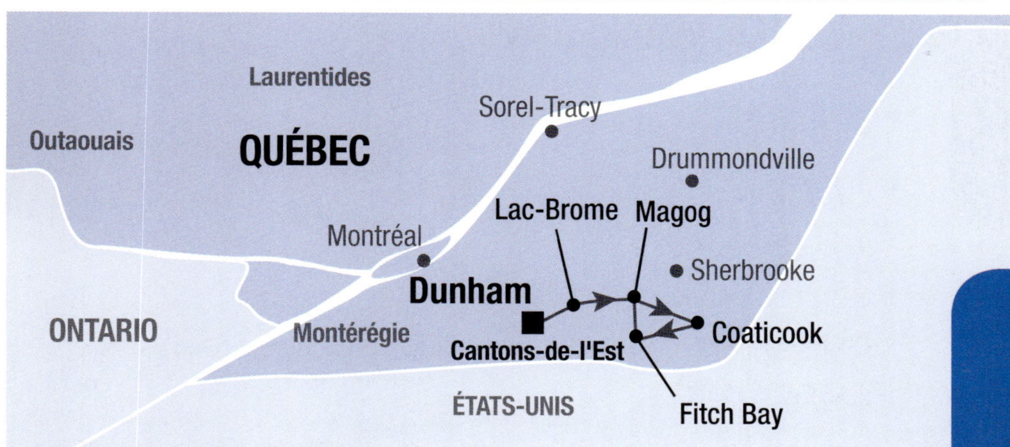

Itinéraire

Jour 1

Dunham – Lac-Brome – Magog 71 km

Découvrez la Route des vins des Cantons-de-l'Est en commençant par la ville de Dunham. Visitez les vignobles de l'Orpailleur ainsi que le Domaine des Côtes d'Ardoise, où, pour le plus grand plaisir de vos papilles gustatives, vous pourrez déguster du vin de glace. Poursuivez vers la charmante ville de Lac-Brome, aux panoramas exceptionnels, au patrimoine architectural unique de style Nouvelle-Angleterre, ainsi qu'aux nombreuses et charmantes boutiques d'antiquaires et d'artisans. En route vers Magog, arrêtez-vous à l'abbaye de Saint-Benoît-du-Lac, l'un des ensembles architecturaux les plus photographiés de la région.

Jour 2

Magog – Coaticook – Fitch Bay – Magog 112 km

Départ pour le Parc de la Gorge de Coaticook. Découvrez ce phénomène naturel créé par l'érosion de la rivière Coaticook en traversant une passerelle de 169 m de long suspendue dans le vide. Faites un arrêt à la Laiterie de Coaticook pour une dégustation de fromages et de glaces à l'ancienne. Poursuivez votre route vers Fitch Bay pour y visiter une ferme de lavande. En fin de journée, offrez-vous un souper-croisière sur le lac Memphrémagog.

Jour 3

Magog

Terminez votre séjour à bord du train touristique *Orford Express*. Admirez les paysages de la région en dégustant un savoureux dîner.

▸ **Quand y aller ?**
En janvier, pour dormir à l'Hôtel de Glace et profiter du Carnaval de Québec, ou en juillet, pour participer au Festival d'été.

Hôtel du Parlement

▸ **3 jours**

▸ **Séjour à Québec**

Pour qui ? Pourquoi ?

Une escapade culturelle dans la ville la plus française d'Amérique.

Inoubliable...

- *Prendre le traversier entre Lévis et Québec pour la magnifique vue sur le Vieux-Québec.*
- *Se promener dans la rue du Trésor, véritable galerie d'art à ciel ouvert, où plusieurs artistes exposent leurs œuvres.*
- *Faire le tour de l'île d'Orléans à vélo.*
- *Passer une nuit à l'Hôtel de Glace, au cœur de la ville de Québec en hiver.*

Escapade à Québec

Seule ville fortifiée en Amérique du Nord et fondée il y a plus de 400 ans, Québec vous ouvre ses portes pour une aventure historique autant que culturelle. Les plaines d'Abraham sont aujourd'hui principalement connues pour les nombreux spectacles en plein air qui y sont présentés en été, mais ce serait négliger toute la portée de la bataille qui y a eu lieu et qui a changé à tout jamais l'histoire du Québec et du Canada. Laissez-vous imprégner par l'ambiance festive et joyeuse du Vieux-Québec tout en découvrant ses galeries d'art, ses musées, mais également le patrimoine religieux et militaire de la Vieille Capitale.

Porte Saint-Jean

Chute Montmorency

Dormir dans un Hôtel de Glace

Vous n'oseriez pas prendre son nom au pied de la lettre, et pourtant il s'agit bel et bien d'un hôtel de glace ! Eh oui, entièrement bâti à même des milliers de tonnes de glace et de neige. Une époustouflante réalisation ! Les téméraires accourent pour avoir la chance de vivre l'expérience d'une nuit dans cet antre du froid. Mais grâce à l'isolation naturelle que procure la glace, il fait toujours entre -3°C et -5°C à l'intérieur des murs de l'hôtel. On dort donc tout de même assez confortablement dans les 36 chambres, aux salles de bain partagées, bien emmitouflé dans un épais sac de couchage nordique. Une expérience inoubliable !

Itinéraire

Jour 1

Québec, la capitale

Parcourez les principaux sites de la ville : sillonnez les vieilles rues de la Haute-Ville et de la Basse-Ville ; visitez le Château Frontenac, la terrasse Dufferin, la Citadelle, la basilique-cathédrale Notre-Dame de Québec, les fortifications, le Vieux-Port, la place Royale et l'hôtel du Parlement. Terminez votre journée dans l'un des nombreux restaurants du Vieux-Québec ou du quartier du Petit-Champlain.

Jour 2

Musée de la civilisation et Wendake

Découvrez le Musée de la civilisation pour en connaître plus sur les grands événements qui ont façonné le Québec. Ensuite, rendez-vous au Site traditionnel Huron (Onhoüa Chetek8e), une reconstitution d'un village huron-wendat tel qu'il en existait aux débuts de la colonisation. Vous en apprendrez plus sur le mode de vie et la gastronomie des Hurons d'autrefois.

Jour 3

Île d'Orléans

Ce matin, partez pour la Côte-de-Beaupré afin de visiter la basilique Sainte-Anne-de-Beaupré. En chemin, arrêtez-vous à la chute Montmorency, qui fait 83 m de haut. Puis quittez la terre ferme pour faire le tour de l'île d'Orléans et déguster des produits du terroir.

▶ **Quand y aller ?**
En août, pour les festivals et la température agréable de l'eau.

Percé

▶ **5 jours**

▶ **De Carleton-sur-Mer à Métis-sur-Mer**

Pour qui ? Pourquoi ?

Pour tout amateur de grands espaces.

Inoubliable...

- *Se promener dans Percé, un des beaux villages du Québec.*
- *Observer la colonie de plus de 110 000 fous de Bassan sur l'île Bonaventure.*
- *Partir en randonnée pédestre dans le parc national Forillon, pour en admirer les falaises sculptées par la mer.*
- *S'émerveiller en parcourant les Jardins de Métis.*

La Gaspésie

Sur la rive sud du fleuve Saint-Laurent, la Gaspésie s'impose par la beauté de ses paysages naturels. Agrémentée de falaises et parsemée de pics montagneux, cette péninsule au relief tourmenté, baignée par les eaux, vous impressionnera à coup sûr. Avec ses paisibles havres de pêche et son célèbre rocher Percé, ce sera la rencontre avec ses habitants, chaleureux et fiers, qui marquera votre séjour en Gaspésie, l'endroit rêvé pour tous ceux qui veulent s'évader de leur quotidien.

Bernaches du Canada

Kayak dans la baie des Chaleurs

Un des nombreux phares de la côte gaspésienne

Itinéraire

Jour 1

Carleton-sur-Mer

Ce matin, visitez le parc national de Miguasha, dédié à la découverte du monde fascinant des fossiles et de la paléontologie. En après-midi, pourquoi ne pas faire une promenade le long du barachois de Carleton, l'un des plus beaux refuges d'oiseaux au Québec ? Lors de vos promenades, du haut des tours d'observation installées à proximité des deux sites, vous aurez le loisir d'admirer une variété d'oiseaux de rivage ou de mer tels que la bernache du Canada, le cormoran, le grand héron, le bihoreau à couronne noire, le canard, la maubèche branle-queue et le goéland à manteau noir.

La croix de Gaspé

Sur le Site historique de la pointe O'Hara (Gaspé, berceau du Canada) se dresse la croix de Gaspé, qui commémore l'arrivée de Jacques Cartier au Canada. Ce navigateur breton, maître pilote du roi de France, avait quitté Saint-Malo le 20 avril 1534 avec deux navires et 61 hommes. Lorsqu'il débarqua à Gaspé, où l'attendaient 200 Amérindiens désireux de faire commerce avec les Européens, Cartier fit planter une croix de bois que rappelle cette croix, constituée d'un seul bloc de granit et datant de 1934.

Jour 2

Carleton-sur-Mer – Percé 204 km

En route vers Percé, arrêtez-vous à Bonaventure pour la visite du Bioparc. Vous y découvrirez la diversité de la faune gaspésienne. Puis partez en direction de la côte de la Surprise, d'où vous pourrez admirer le rocher Percé et l'Île Bonaventure. Ce soir, laissez-vous tenter par un délicieux repas de homard.

20

Jardins de Métis

Phoques gris

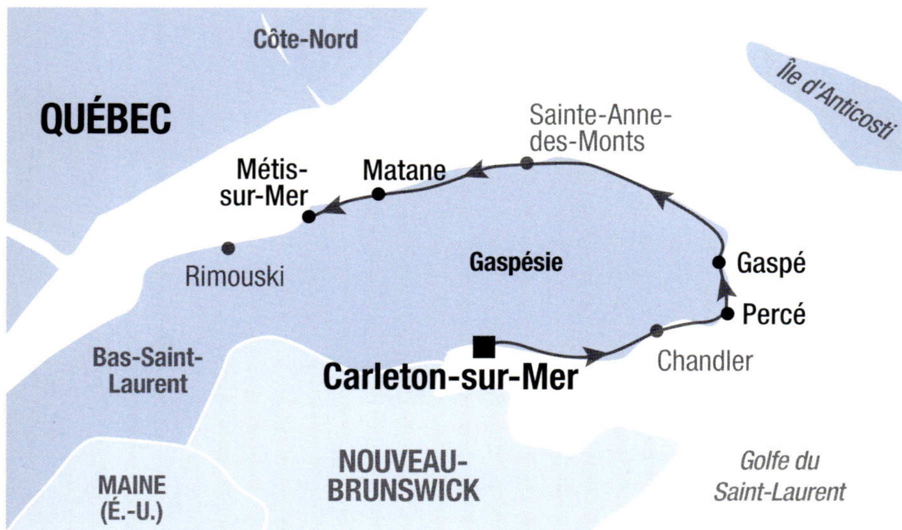

Le Québec

Fous de Bassan

Votre guide :

Michel Vaillancourt (voir p. 201)

Son coup de cœur :
L'île Bonaventure

Selon moi, l'endroit le plus intéressant à visiter en Gaspésie, c'est l'île Bonaventure, avec ses vues à couper le souffle, où l'on peut voir et entendre plus de 110 000 fous de Bassan en liberté. J'aime aussi me promener tranquillement sur l'un des sentiers pédestres de l'île, pour découvrir les oiseaux et la vue magnifique sur le rocher Percé et le village de Percé. L'île Bonaventure est tellement belle, avec son côté magnifiquement sauvage.

Parc Forillon

Jour 3
Percé

En matinée, visitez le centre d'interprétation du Parc de l'Île-Bonaventure-et-du-Rocher-Percé, qui se trouve à Percé, puis faites une croisière qui vous mènera jusqu'au rocher Percé et à l'île Bonaventure. Vous pourrez vous promener à loisir et pique-niquer sur l'île. En après-midi, partez en excursion maritime pour aller observer les baleines.

Jour 4
Percé – Gaspé – Matane
381 km

À Gaspé, berceau du Canada, visitez le lieu où Jacques Cartier débarqua en 1534. Rendez-vous ensuite au parc national Forillon pour en admirer la flore et la faune. Vous y verrez aussi le site patrimonial de Grande-Grave, où vous pourrez vous attarder au volet historique de la présence humaine à Forillon. Arrivée en fin de journée à Matane.

Jour 5
Matane – Métis-sur-Mer
45 km

Visitez les Jardins de Métis, qui présentent une collection importante de plantes vivaces et annuelles, d'arbres et d'arbustes indigènes et exotiques. En après-midi, promenez-vous tranquillement dans les jolies rues et sur la plage de Métis-sur-Mer.

La Gaspésie à la carte

Superficie 30 000 km^2

Ville principale Gaspé

Point le plus haut Mont Jacques-Cartier (1 268 m)

Un plat Une quiche ou une salade aux crevettes de Matane (crevettes nordiques). La crevette de Matane est une petite crevette rose pêchée dans l'estuaire du Saint-Laurent.

Quelques airs à écouter sur la route *Si j'avais un char*, de Stephen Faulkner; *Entre Matane et Baton Rouge*, d'Isabelle Boulay; *Tomber*, de Laurence Jalbert; *Boomerang*, de Kevin Parent.

▸ ***Quand y aller?***
En septembre, sans contredit l'un des plus beaux mois pour se rendre aux Îles.

▸ **3 jours**

▸ **Séjour aux Îles de la Madeleine**

Pour qui? Pourquoi?

Pour les amoureux des paysages marins et les amateurs de fruits de mer, pour les photographes et ceux qui ont envie de vivre une expérience unique.

Inoubliable...

- *Déguster un repas de homard et de fruits de mer frais.*
- *Participer au concours annuel de châteaux de sable au mois d'août.*
- *Bavarder avec les artisans des Îles sur le Site historique de La Grave.*

Les Îles de la Madeleine

Quoi de mieux que d'aller visiter les Îles de la Madeleine, un havre de paix bien québécois! Venez découvrir la beauté de cet archipel situé à environ 200 km des côtes de la Gaspésie. Avec ses habitants chaleureux, ses maisons colorées, ses falaises rouges, ses petits ports de pêche, ses festivals et sa gastronomie rehaussée de produits du terroir, les Îles de la Madeleine sauront vous enchanter à coup sûr!

Maison typique

Votre guide : **Michel Vaillancourt** (voir p. 201)

Son coup de cœur : *Le Site d'autrefois*

Mon coup de cœur aux Îles de la Madeleine, c'est M. Claude F. Bourgeois et son Site d'autrefois. Ancien pêcheur madelinot, il nous dévoile son histoire passionnante, le tout accompagné de musique, de blagues et de chansons. Il nous raconte sa vie, son naufrage et le mode de vie des insulaires. Personne ne peut rester indifférent à son histoire. Après, il nous invite à visiter son Site, pour nous faire découvrir les établissements et le mobilier, typiques des Îles, mais aussi pour nous montrer comment vivaient les pêcheurs madelinots d'antan.

Le parler des Îles

Ce qui ajoute plus de profondeur et de richesse au parler madelinot, c'est que chaque île a son accent, et même des subtilités qui varient selon les cantons. On ne s'exprime pas à Havre-Aubert de la même manière qu'à Fatima ou à Havre-aux-Maisons. L'archipel est relativement peu étendu, mais avant la construction du réseau routier, chaque village était assez isolé des autres pour développer ses particularités. Ainsi, les Maisonnois prononcent leurs *R* comme des *Y* ou des *W*, un peu à la créole, alors que les Aubertîliens, eux, les roulent allègrement.

Extrait de « Collections particulières » dans *Un pied-à-terre en mer aux îles de la Madeleine*, d'Alexandre Chouinard (Les éditions la Morue verte, 2008).

Bateaux de pêche

Itinéraire

Jour 1

Cap-aux-Meules – Havre-Aubert

Commencez votre exploration de l'archipel sur l'île du Cap aux Meules. Vous verrez l'église en bois de La Vernière, le port de pêche de L'Étang-du-Nord, les falaises de la Belle Anse ainsi que l'église de Fatima. En après-midi, à Havre-Aubert, visitez l'Aquarium des Îles, puis dirigez-vous vers le Site historique de La Grave. N'oubliez pas de vous rendre à la boutique Artisans du sable pour faire de belles découvertes.

Jour 2

Havre-aux-Maisons

Consacrez votre matinée à la découverte de produits locaux. Visitez la fromagerie du Pied-de-Vent pour une dégustation et arrêtez-vous à la boutique Le Barbocheux afin de goûter à son vin artisanal. Puis, de la route panoramique de Pointe-basse, vous apercevrez les fumoirs à hareng. Arrêtez-vous au Fumoir d'Antan, pour une visite de l'Économusée du hareng fumé et une dégustation. En après-midi, baladez-vous au pied des falaises sur la plage de la Dune du Sud. Terminez votre journée par la visite du Centre d'interprétation du phoque, ce mammifère marin étroitement associé à l'histoire des Madelinots.

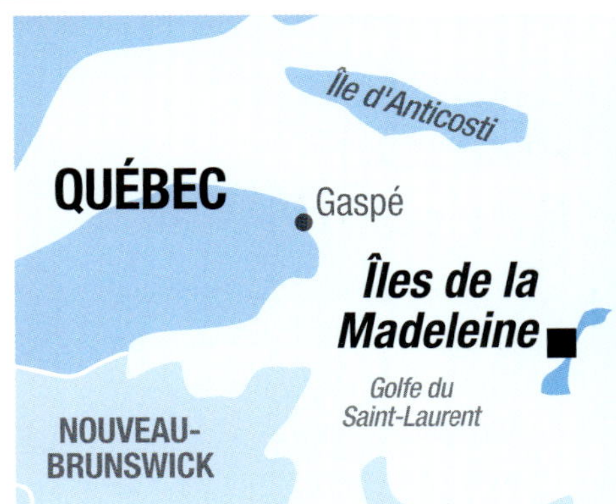

Jour 3

Havre-Aubert

Ce matin, visitez le Site d'autrefois, où un ancien pêcheur madelinot raconte, en paroles et en chansons, l'histoire de ce dur métier. Profitez de vos derniers moments aux Îles pour faire le plein d'images qui resteront gravées dans votre mémoire.

La baie Georgienne, en Ontario

L'Ontario et le Manitoba

▸ **Quand y aller ?**
En juin, pour le New Vintage Festival de Niagara-on-the-Lake.

▸ **4 jours**

▸ **Séjour à Niagara Falls**

Pour qui ? Pourquoi ?

Pour les voyageurs friands de spectaculaires phénomènes naturels et pour les amateurs de vin.

Inoubliable...

- *Déguster un verre de vin de glace dans l'un des vignobles de Niagara-on-the-Lake.*
- *Faire un tour de grande roue à Niagara Falls.*
- *Monter à bord d'un hélicoptère pour survoler les chutes du Niagara.*
- *S'aventurer jusqu'à l'arrière des chutes.*

Escapade à Niagara Falls

Les chutes du Niagara sont considérées comme l'une des principales attractions du Canada et constituent certainement l'attrait touristique le plus connu de l'Ontario. La ville de Niagara Falls, située à l'ombre des chutes, ne doit pourtant pas être négligée. Que ce soit pour une fin de semaine en amoureux ou un séjour en famille, Niagara Falls saura répondre à tous les goûts avec ses hôtels chics, ses casinos, ses terrains de golf, ses restaurants accueillants, ses activités familiales et ses parcs à thèmes.

La Route des vins

La Route des vins de la péninsule du Niagara traverse une fort jolie campagne qui s'étend de Grimsby à Niagara Falls et compte près d'une trentaine de vignobles. Plusieurs d'entre eux sont ouverts au public et proposent des dégustations de leurs produits.

Comptant plus de 75% des vignes canadiennes, la péninsule du Niagara est la plus importante région vinicole du pays en termes de superficie. La culture des vignes est ici rendue possible grâce à un microclimat attribuable à l'influence modératrice des lacs Érié et Ontario, au rôle de coupe-vent joué par l'escarpement du Niagara et enfin grâce aux vents circulaires occasionnés par la masse liquide.

Le vin de glace est le plus connu de tous les vins de la péninsule. La région est d'ailleurs devenue le principal producteur de ce type de vin dans le monde, surpassant même l'Allemagne à ce titre.

Itinéraire

Jour 1

Niagara Falls

Faites la croisière qui vous mènera au pied des chutes, derrière lesquelles vous vous rendrez pour les voir dans une tout autre perspective. Les soirs d'été, admirez les feux d'artifice et les jeux de couleurs qui animent les chutes, ou explorez la rue Clifton Hill et ses maisons hantées, ses musées de cire et ses restaurants.

Jour 2

Les parcs thématiques

Profitez de cette journée pour vous amuser dans l'un des nombreux parcs d'attractions de la ville: Safari Niagara, Marineland ou encore l'un des parcs aquatiques. Faites l'ascension de la tour Skylon afin d'avoir une vue imprenable sur les chutes.

Jour 3

Le Niagara historique

Faites un tour des sites historiques de la région de Niagara. Revivez 200 ans d'histoire à l'Old Fort Erie, site de l'une des batailles les plus sanglantes du Canada. Visitez la maison de Laura Secord, l'une des héroïnes de l'histoire canadienne, et le Musée d'histoire de Niagara Falls pour y découvrir ses différentes expositions.

Jour 4

Excursion à Niagara-on-the-Lake

Visitez la charmante petite ville de Niagara-on-the-Lake et ses vignobles pour découvrir les vins de la région, dont les fameux vins de glace.

▸ **Quand y aller?**
En septembre, pour l'agréable température et le Toronto International Film Festival.

Le lac Ontario et le Waterfront

▸ **4 jours**

▸ **Séjour à Toronto**

Pour qui? Pourquoi?

Pour les voyageurs qui ont envie d'une escapade dans une métropole au rythme trépidant, à la fois multiculturelle et moderne.

Inoubliable...

- *Profiter de la vue sur le lac Ontario du haut de la tour du CN.*
- *Se faire photographier avec la Coupe Stanley.*
- *Voyager dans le temps dans le quartier historique de la Distillerie.*
- *Parcourir les salles des grands musées à l'architecture audacieuse de la ville.*

Escapade à Toronto

Plus grande ville du Canada, la Ville reine surprend ses visiteurs par son immensité et la densité de sa population. Explorez les différents visages de Toronto à travers ses nombreux quartiers ethniques: chinois, italien, grec, portugais, indien... Découvrez une ville où le talent est célébré par de nombreux musées, festivals de films, salles de spectacle et troupes de danses. Cité de gratte-ciel, centre financier international, ville de culture, mais aussi de sport, Toronto est un incontournable pour tout amateur de tourisme urbain.

Quartier de la Distillerie

Casa Loma

Yonge Street

Yonge Street (prononcer *young*) a longtemps été citée dans le *Livre des records Guinness* comme étant la plus longue route au monde, mais elle fut récemment détrônée par la Pan-American Highway. L'artère, qui a fêté ses 200 ans en 1996, porte le même nom sur 1 896 km, soit des rives du lac Ontario jusqu'à la ville de Rainy River, dans le nord-ouest de l'Ontario. Elle sépare l'est et l'ouest de Toronto et bourdonne d'activités grâce à ses musées, à ses théâtres et à ses nombreuses boutiques de toutes sortes.

Tour du CN

Itinéraire

Jour 1

Toronto

Découvrez le marché de Kensington, le village Baldwin, le parc Queen et le quartier des spectacles. Faites l'ascension de la tour du CN pour vous offrir une vue magnifique sur la ville. Les courageux se tiendront sur le plancher de verre pour prendre une photo spectaculaire.

Jour 2

Hockey et château

Visitez le Temple de la renommée du hockey, un musée tout à fait unique qui abrite notamment la célébrissime Coupe Stanley. Testez votre tir au filet en vous comparant aux légendes du hockey sur glace. Rendez-vous ensuite à la Casa Loma, un immense château écossais de type médiéval construit au début du XXe siècle sur une colline qui surplombe la ville.

Jour 3

Les musées

Toronto regorge de musées tous plus intéressants les uns que les autres. Découvrez le Musée royal de l'Ontario et ses expositions portant sur les dinosaures ou sur les sarcophages égyptiens. Ne manquez pas également le Musée des beaux-arts, qui possède des collections de près de 80 000 œuvres.

Jour 4

Excursion dans les îles

Prenez le traversier à destination des îles de Toronto pour une journée de plein air. Louez un bateau, profitez de la plage ou amusez-vous dans le parc d'attractions. En fin de journée, revenez en ville pour vous promener dans le quartier de la Distillerie et découvrir ses galeries d'art, ses boutiques et ses salles de spectacle.

Quand y aller ?
En juillet et août, la meilleure saison pour la baignade.

7 jours

De Toronto à North Bay

Pour qui ? Pourquoi ?

Ceux qui aiment l'eau, car croisières, traversées et baignades seront au rendez-vous.

Inoubliable…

- *Passer une journée à Wasaga Beach.*
- *Visiter l'île de Mackinac en carriole.*
- *Faire une croisière jusqu'à l'île de Flowerpot, dans le parc national de la Péninsule-Bruce, à bord d'un bateau à fond de verre.*
- *Se faire photographier devant l'amusant « Big Nickel », à Sudbury.*

La baie Georgienne

La baie Georgienne, l'une des plus belles régions de l'Ontario, est constituée de plus de 30 000 îles et îlots et d'environ 2 000 km de rivage. Admirez ses falaises balayées par le vent, ses nombreuses plages, ses petites baies, et visitez ses phares et ses sites historiques et patrimoniaux. Découvrez le sud de l'Ontario et l'État du Michigan en empruntant la route panoramique (21) qui vous mènera de la baie Georgienne aux abords du lac Huron.

Vieux moulin sur l'île Manitoulin

Martyr's Shrine, à Midland

Wasaga Beach

Itinéraire

Jour 1

Toronto

Découvrez la métropole du Canada : son cœur financier, la rue Yonge et le parc Queen. Laissez-vous charmer par le très *British* parlement ontarien, par l'impressionnant SkyDome, où jouent de nombreuses équipes sportives, et par la vue de la ville du haut de la tour du CN, une des plus hautes structures autoportantes au monde. Faites un arrêt au Temple de la renommée du hockey, à la Casa Loma ou encore au Musée royal de l'Ontario. Pour le repas du soir, choisissez l'un des nombreux restaurants de la Petite Italie et terminez votre soirée dans le quartier de la Distillerie.

Jour 2

Toronto – Midland

161 km

Faites route en direction de la baie Georgienne. À votre arrivée à Midland, située au sud de la baie, visitez le village huron, qui illustre la vie des Autochtones de la région au XVIe siècle, avant l'arrivée des colons européens. Admirez les artéfacts, les photographies et les œuvres d'art des Hurons. Par la suite, laissez-vous séduire par les murales du centre-ville. Ces magnifiques peintures extérieures relatent l'histoire de cette partie de l'Ontario. Les amoureux de la nature voudront aussi faire un arrêt au Wye Marsh Wildlife Centre.

Jour 3

Midland – Owen Sound

122 km

Ce matin, explorez le Martyr's Shrine, un sanctuaire catholique dédié aux premiers martyrs canadiens. Découvrez ensuite Sainte-Marie-au-pays-des-Hurons, la première place forte européenne de l'Ontario, qui abrite aujourd'hui une reconstitution des lieux où vécurent les missionnaires jésuites français du XVIIe siècle. En après-midi, faites une pause à la plage paradisiaque de Wasaga Beach ou embarquez-vous pour une croisière à travers les 30 000 îles de la région (durée 2h30), qui vous fera découvrir la baie Georgienne, avant de quitter pour Owen Sound.

Le « Big Nickel » de Sudbury

En carriole sur l'île de Mackinac

Cerfs de Virginie

Parc national de la Péninsule-Bruce

Situé dans les environs de Tobermory, l'immense parc national de la Péninsule-Bruce est le paradis des randonneurs et des baigneurs. Il comporte des aires naturelles encore sauvages, couvertes non seulement de diverses essences de la forêt boréale, mais aussi de fleurs singulières; on y dénombre une quarantaine de variétés d'orchidées. Sa faune n'en est pas moins fascinante, car le parc est entre autres habité par le cerf de Virginie, le castor, le rare massasauga, un serpent venimeux, et par pas moins de 170 espèces d'oiseaux. On pénètre au cœur de cette nature en suivant l'un des sentiers de randonnée qui sillonnent le parc.

Jour 4

Owen Sound – Mackinaw City **599 km**

Faites route en direction de Tobermory pour prendre le traversier M.S. *Chi-Cheemaun* jusqu'à South Baymouth (durée 1h45). Traversez l'île Manitoulin, considérée comme l'une des plus grandes îles en eau douce du monde. Continuez votre chemin vers Mackinaw City, au Michigan. Prenez en photo le pont de Mackinaw City, surnommé le *Big Mac*. Il s'agit du plus long pont à suspension en Amérique du Nord, et il ressemble étrangement au Golden Gate de San Francisco.

Jour 5

Excursion sur l'île de Mackinac

Aujourd'hui, découvrez l'île de Mackinac en prenant le traversier vers l'île. Mackinac se visite en carriole, car aucune voiture n'est permise sur l'île. Découvrez le parc national de Mackinac, les quartiers historiques et le port. Terminez cette balade par la visite du Fort Mackinac, construit en 1780 par les Britanniques. Vous aurez droit à une démonstration de tir au fusil et au canon. Profitez-en pour goûter à la spécialité de l'île, le *fudge*.

Jour 6

Mackinaw City – Sudbury – North Bay

529 km

Partez à destination de Sudbury, la ville du « Big Nickel », la plus grosse pièce de

Plongée dans le parc national de la Péninsule-Bruce

monnaie au monde. Visitez le Centre des sciences du nord de l'Ontario, où sont présentés des films et des expositions interactives sur la science, la technologie et les communications. En fin d'après-midi, continuez votre route vers North Bay.

Jour 7

North Bay

Louez une embarcation sur le lac Nipissing. Profitez du temps chaud pour vous baigner, faire un pique-nique, louer un vélo et observer le magnifique coucher de soleil sur le lac. Promenez-vous sur le bord de l'eau et faites un tour dans le carrousel, situé dans le North Bay Waterfront Park.

▶ **Quand y aller ?**
En mai, lors du Festival des tulipes.

Le canal Rideau

▶ **3 jours**

▶ **Séjour à Ottawa**

Pour qui ? Pourquoi ?

Pour les gens passionnés de culture et d'histoire. La capitale canadienne offre une myriade de musées qui donnent un aperçu de l'ensemble du pays, de son histoire sociale et militaire, de ses merveilles naturelles, en passant par des œuvres d'art de calibre international.

Inoubliable...

- *Admirer le parc des Commissaires, avec ses plates-bandes qui contiennent plus de 300 000 tulipes chaque année au mois de mai.*
- *Se promener aux abords du canal Rideau, situé en plein milieu de la ville, et reconnu comme site du patrimoine de l'UNESCO.*
- *Découvrir le cœur de la ville à bord d'une croisière sur le canal Rideau.*

Escapade à Ottawa

Capitale fédérale du Canada depuis quelque 150 ans, Ottawa gagne à être connue. Que ce soit pour la relève de la garde sur la colline du Parlement, qui se déroule tous les soirs accompagné d'un spectacle « son et lumière », ou pour l'ambiance du marché ByWard, qui se transforme de marché fermier à un site reconnu pour ses boîtes de nuit le soir venu, cette ville ne manquera pas de vous étonner... Ville de musées, de festivals et de sports, Ottawa se démarque également comme faisant partie des 20 villes du monde où il fait le plus bon vivre.

Le centre-ville

Le parc des Commissaires

Le Musée canadien de la guerre

L'origine du Festival des tulipes d'Ottawa

Pendant la Seconde Guerre mondiale, la famille royale hollandaise s'était réfugiée à Ottawa. La princesse Margriet, fille de la reine Juliana, vint au monde dans ces années troubles. Le Parlement décida, dans un geste de bonne volonté et d'un rare exemple d'amitié transnationale, de faire de l'Hôpital civique d'Ottawa « sol hollandais », ce qui permit à la princesse de naître en 1943 dans « sa patrie ». Après la guerre, la reine Juliana fit parvenir 100 000 bulbes de tulipes au gouvernement canadien en reconnaissance du geste fait pour sa famille. Toutes ces fleurs firent des bourgeons, car en 1953 le Festival des tulipes d'Ottawa fut inauguré, marquant du coup le début des célébrations autour de cet événement d'amitié réciproque.

Itinéraire

Jour 1

Ottawa et ses tulipes

Amorcez votre visite d'Ottawa par le marché ByWard, la colline du Parlement, la promenade Sussex et le lac Dow, où vous pourrez voir, pendant le mois de mai, des tulipes de toutes les couleurs. En fin d'après-midi, visitez le Musée canadien de la nature, qui présente une collection couvrant quatre milliards d'années d'histoire de la Terre.

Jour 2

Musée et casino

Découvrez le Musée canadien de l'histoire, connu jusqu'en 2013 sous le nom de Musée canadien des civilisations. En après-midi, prenez le temps de parcourir la capitale fédérale à pied. Dans le cadre du Festival des tulipes, vous verrez un splendide défilé de bateaux somptueusement décorés sur les eaux du canal Rideau. Puis, en soirée, pourquoi ne pas tenter votre chance au Casino du Lac-Leamy?

Jour 3

Parlement et croisière

Faites une visite du Parlement pour y explorer le cœur de la démocratie canadienne. Dirigez-vous ensuite vers le Musée canadien de la guerre, un attrait incontournable qui explique comment le passé militaire du Canada a contribué à façonner le pays. Pourquoi ne pas terminer votre séjour par la visite du Musée des beaux-arts du Canada? Principalement consacré à l'art canadien, on y retrouve également des œuvres remarquables d'artistes européens.

▸ **Quand y aller ?**
Les Mille-Îles sont agréables à découvrir tout au long de l'été, soit de juin à septembre.

Le château Boldt

▸ **3 jours**

▸ **Séjour à Kingston**

Pour qui ? Pourquoi ?

Pour ceux qui veulent connaître le passé militaire du Canada tout en découvrant les principaux attraits des Mille-Îles.

Inoubliable...

- *Profiter, du haut du Skydeck, d'une vue panoramique sur les Mille-Îles et le fleuve Saint-Laurent.*
- *Faire une croisière à travers les îles et admirer le romanesque château Boldt.*
- *Se promener dans le quartier historique de Kingston.*

Escapade dans les Mille-Îles

Ancien poste de traite de fourrure idéalement situé, Kingston a toujours joui d'une situation stratégique. Encore aujourd'hui, la ville dégage une image militaire, avec son collège militaire et les nombreux forts et sites historiques qui se trouvent dans la région. Fondée il y a près de 350 ans, la ville comporte de nombreux bâtiments patrimoniaux dont plusieurs sont inscrits sur la liste des lieux historiques du Canada. Pendant l'été, le centre-ville vibre au rythme des festivals qui s'y déroulent. Profitez de votre séjour à Kingston pour déambuler dans le plus ancien marché d'Ontario, qui vous propose des produits frais, des plantes et des fleurs.

L'hôtel de ville de Kingston

Le Fort Henry

Les Mille-Îles

Des îles, des îles et encore des îles... Les Mille-Îles, parsemées dans le Saint-Laurent entre Brockville et Gananoque, sont en réalité au nombre de 1 864 et donnent aux visiteurs l'occasion d'admirer des paysages d'une singulière beauté.

En vous y promenant, vous en apercevrez de toutes les sortes, allant des grandes îles aux îlots minuscules (il ne faut que deux arbres et 2,5 m^2 de terrain pour désigner une île). Une croisière fort plaisante sur les eaux du fleuve Saint-Laurent vous permettra d'observer de plus près ce véritable dédale de petites îles dont certaines offrent un intérêt particulier. Outre un fascinant tableau naturel, vous pourrez voir et même visiter certains de ces îlots.

Itinéraire

Jour 1

Kingston

Découvrez Kingston, l'ancienne capitale du Canada. Promenez-vous dans son centre-ville historique ou sur son Waterfront Pathway, un parcours de 8 km qui permet de voir les principaux sites historiques et culturels de la ville. Admirez également l'hôtel de ville et la cathédrale St. George.

Jour 2

Les musées

Avec plus de 30 différents musées et lieux historiques, Kingston saura enchanter tous et chacun. Visitez par exemple le Musée pénitentiaire du Canada pour mieux comprendre le milieu carcéral. Découvrez le Lieu historique national de la Villa-Bellevue, la demeure du premier premier ministre du Canada, et le Fort Henry, construit dans les années 1832-1837 en vue de protéger le Haut-Canada de toute invasion américaine.

Jour 3

Croisière

Prenez la journée pour faire une croisière dans les Mille-Îles, afin d'en connaître davantage sur l'histoire, les légendes et les somptueux manoirs de la région. L'endroit est parfait pour les amateurs de plongée, lesquels pourront découvrir de nombreuses épaves dans les eaux cristallines.

La rivière Rouge à Winnipeg

Quand y aller?
En août et en septembre pour les aurores boréales, ou en octobre et novembre pour augmenter ses chances de voir des ours polaires.

- **7 jours**
- **De Winnipeg à Churchill**

Pour qui? Pourquoi?

Les voyageurs qui souhaitent vivre une aventure exceptionnelle et observer la faune arctique.

Inoubliable...

- *Assister à une partie de hockey des Jets.*
- *Se promener tranquillement sur le bord de l'eau à Winnipeg, pour s'offrir une vue magnifique de la ville.*
- *Faire un voyage dans le temps au Village de l'"héritage mennonite.*
- *Admirer des ours polaires dans leur habitat naturel.*

Winnipeg et les ours polaires

Découvrez Winnipeg, ville située en plein centre du Canada, avec ses hivers rigoureux et ses étés chauds et secs. Point de rencontre historique des trappeurs, des coureurs des bois, des Amérindiens et des Métis, Winnipeg a une longue histoire qui mérite d'être racontée. Fondée jadis par un Canadien français, seule une minorité de francophones demeure aujourd'hui dans cette ville, mais elle affiche une identité forte et fière. Découvrez ensuite la faune arctique, avec les ours polaires, les renards blancs, les nombreux oiseaux et les bélugas, qui se cachent au nord du 58e parallèle.

Village de l'héritage mennonite, à Steinbach

Le Lower Fort Garry, à Steinbach

Le *Golden Boy*, sur l'édifice législatif du Manitoba

Itinéraire

Jours 1 et 2

Winnipeg

Visitez la capitale du Manitoba, en commençant par le quartier de Saint-Boniface, fondé par l'évêque Provencher. On y retrouve la plus importante communauté francophone de l'ouest du Canada. Une visite de la Maison Gabrielle-Roy vous fera découvrir l'endroit où naquit la romancière franco-manitobaine. Visitez le Musée du Manitoba et ses nombreuses galeries dont celle des sciences, son planétarium et sa maquette de la ville telle qu'elle était dans les années 1920. Explorez le Musée de Saint-Boniface, qui dépeint la vie des francophones et du peuple métis. Admirez l'édifice législatif du Manitoba, avec son dôme surmonté du *Golden Boy*. Le Musée Dalnavert loge quant à lui dans l'ancienne résidence de Sir Hugh John Macdonald, fils de l'ancien premier premier ministre John A. Macdonald. Montez à bord du train historique, le *Prairie Dog Central*, pour une expérience unique en son genre. Découvrez l'Exchange District, ou l'espace public The Forks, tous deux désignés lieu historique national.

Jour 3

Excursions à Selkirk et Steinbach 182 km

Faites route jusqu'à Selkirk, où se trouve le Lieu historique national de Lower Fort Garry, qui comprend un village de pionniers et de traite des fourrures entièrement reconstitué. Des personnages costumés font revivre le début des années 1800 et racontent la vie quotidienne au fort. En après-midi, continuez votre route vers Steinbach pour visiter le Village de l'héritage mennonite. Découvrez leur façon de vivre du XVIe siècle à aujourd'hui à travers les différentes expositions et goûtez à leur cuisine traditionnelle.

Jour 4

Winnipeg – Churchill

Prenez un vol pour Churchill, cette petite ville au bord de la baie d'Hudson souvent considérée comme la capitale mondiale des ours polaires. À votre arrivée, visi-

Aurore boréale

La baie d'Hudson à Churchill

Renard blanc

tez le Lieu historique national du Fort-Prince-de-Galles, le port et le cap Merry. La ville a été créée pour l'exportation de céréales canadiennes vers l'Angleterre et l'Europe. Incidemment, la ville se trouve en plein couloir de migration des ours polaires de la région.

Jour 5

Les ours

Partez pour la journée entière en *tundra buggy*, un véhicule tout-terrain spécialement conçu pour accueillir les photographes. Vous aurez ainsi l'occasion d'observer et de photographier la toundra et la faune, tout particulièrement les ours polaires. Le soir, si le ciel le permet, admirez les aurores boréales.

Les origines de la présence francophone au Manitoba

L'explorateur canadien-français Pierre Gauthier de Varennes et de La Vérendrye (1685-1749) fut le premier Blanc à pénétrer dans les prairies du Manitoba. Pour les besoins de son commerce de fourrures, il installa des comptoirs de traite qui, plus tard, formèrent les communautés de Dauphin, The Pas, Selkirk et Portage la Prairie. Le français était alors parlé par la plupart des Métis.

De nos jours, c'est à Saint-Boniface que cette influence est encore la plus vivante, et c'est d'ailleurs ici qu'on retrouve la plus importante concentration de francophones au Canada à l'ouest du Québec.

Ours polaire à Churchill

Le Manitoba
à la carte

Superficie 650 000 km²

Population 1 265 000 hab.

Densité 1,94 hab./km²

Capitale Winnipeg

Fuseau horaire UTC –6

Point le plus haut Mont Baldy (831 m)

Un plat La soupe aux pois cassés, mets traditionnel de Saint-Boniface, le quartier francophone de Winnipeg.

Quelques airs à écouter sur la route *American Woman*, de The Guess Who ; *Life Is a Highway*, de Tom Cochrane ; *Jours de plaine*, de Daniel Lavoie ; *Heart of Gold*, de Neil Young.

Jour 6
Churchill

Visitez le Musée Eskimo, qui recèle l'une des plus belles collections d'objets inuits au monde. Profitez ensuite de l'occasion pour vous initier au traîneau à chiens.

Jour 7
Churchill

Faites une croisière pour observer bélugas, phoques, oiseaux et ours polaires. Cette balade vous permettra d'apprécier l'immensité de l'Arctique et la diversité de sa flore et de sa faune. Soyez prudent si vous apercevez des ours polaires : il faut toujours garder une distance d'observation sécuritaire.

Paysage de campagne du Mid-Ouest

Le Mid-Ouest américain

▶ **Quand y aller ?**
En septembre, pour profiter du festival de jazz.

▶ **4 jours**

▶ **Séjour à Chicago**

Pour qui ? Pourquoi ?

Les amoureux d'arts, de culture et d'histoire.

Inoubliable...

- *Marcher sur le balcon de verre de la Willis Tower en admirant la ville.*
- *Observer le reflet des gratte-ciel sur le* Cloud Gate, *cette sculpture en forme de haricot géant du Millennium Park.*
- *Goûter à la spécialité de la ville, la* deep-dish pizza.
- *Faire une croisière guidée sur la Chicago River et avoir l'impression de pénétrer dans une forêt de gratte-ciel.*

Escapade à Chicago

Découvrez Chicago, la Ville des Vents ! Déplacez-vous à pied dans cette ville aux merveilles architecturales et appréciez pleinement ses paysages urbains. Parcourez le *Magnificent Mile*, reconnu pour ses hôtels, ses restaurants diversifiés et ses magasins de luxe. Découvrez des lieux historiques et revivez des époques marquantes de l'histoire, dont celle d'Al Capone et des incorruptibles, mais aussi celle du blues. Explorez Navy Pier, ce quai transformé en fête foraine. Admirez la splendeur des gratte-ciel lors d'une croisière sur le lac Michigan et la Chicago River. Laissez-vous charmer par cette ville impressionnante.

Votre guide : **Michel Vaillancourt** (voir p. 201)

Son coup de cœur :

L'architecture de Chicago

Quoi de plus beau que de voir cette magnifique ville du sommet du John Hancock Center. Il faut absolument faire une balade en métro aérien, ce qui permet d'admirer le centre-ville tout en relaxant. Ne négligez pas les parcs de la ville, notamment le parc Millennium : l'endroit idéal pour flâner dans un espace grandiose où architecture et nature se mêlent pour offrir un espace exceptionnel. Ne manquez pas la sculpture *Cloud Gate*, l'amphithéâtre Jay Pritzker, conçu par Frank Gehry, la *Crown Fountain*, le parc Lurie, la passerelle BP et bien d'autres attractions. J'aime bien aussi me balader sur le *Magnificent Mile* pour admirer ses édifices et, dans le quartier historique de Streeterville, pour son architecture et la proximité du lac Michigan.

Le *Cloud Gate*

Itinéraire

Jour 1

The Loop, le *Magnificent Mile* et le Millennium Park

Arpentez les rues du quartier des affaires, *The Loop*, et appréciez l'extraordinaire collection d'œuvres d'art public de la ville signées par les Picasso, Miró, Calder, Chagall et autres. Puis, poursuivez vers le *Magnificent Mile*, où vous pourrez voir les emblématiques Wrigley Building, Tribune Tower, Chicago Water Tower et John Hancock Center. Explorez les belles allées du parc Grant, puis allez voir les sculptures modernes et le Jay Pritzker Pavilion du Millennium Park. Faites un arrêt à Navy Pier, en bordure du lac Michigan, où vous trouverez des restaurants, un parc d'amusement et des expositions. Montez dans l'une des cabines de la grande roue, un manège inventé à Chicago incidemment, pour vous offrir une vue imprenable sur la ville et le lac.

Jour 2

De la Willis Tower à l'Art Institute

Montez à l'observatoire de la Willis Tower, un des plus hauts édifices au monde avec ses 110 étages. Visitez l'Art Institute of Chicago, un des grands musées d'art du monde, avec ses collections qui remontent à 3 000 ans avant J.-C. En soirée, rendez-vous dans un des bars de blues ou de jazz de la ville.

Jour 3

Du Field Museum au Theatre District

Visitez le Field Museum, un fabuleux musée d'histoire naturelle qui abrite notamment *Sue*, le plus gros et le plus complet *Tyrannosaurus rex* à avoir été découvert. Faites une croisière sur le lac Michigan et la Chicago River pour admirer l'architecture de la ville. En soirée, assistez à un spectacle de style Broadway dans le Theatre District.

Jour 4

Le Lincoln Park

Visitez le Lincoln Park Zoo, l'un des plus vieux jardins zoologiques du pays, pour observer des animaux provenant de tous les continents. Puis, faites une balade en canot sur l'un des étangs du Lincoln Park.

Chicago à la carte

Population 2 695 000 habitants

Bâtiment le plus élevé Willis Tower (527,3 m)

Un plat La *deep-dish pizza*, aussi appelée *Chicago-style pizza* ou *pan pizza*, cuite dans un moule profond qui, à sa sortie du four (après 45 min), libère une pizza de 6 cm ou 7 cm d'épaisseur convenant bien aux gros appétits.

Quelques airs *Sweet Home Chicago*, des Blues Brothers ; *My Kind of Town*, de Frank Sinatra ; *Bad, Bad Leroy Brown*, de Jim Croce ; *Saturday in the Park*, de Chicago ; *Take it on the Run*, de REO Speedwagon ; *Come Sail Away*, de Styx.

St. Louis

▶ **Quand y aller?**
En septembre, alors que la température s'avère particulièrement agréable.

▶ **7 jours**

▶ **De St. Louis à Kansas City**

Pour qui? Pourquoi?

Pour les amoureux de littérature qui souhaitent en apprendre davantage sur la vie de Mark Twain, et pour ceux qui veulent se familiariser avec l'histoire de la conquête de l'Ouest en marchant dans les pas du hors-la-loi Jesse James et des explorateurs Lewis et Clark.

Inoubliable...

- *Se promener dans le quartier de Soulard, à St. Louis.*
- *«Cambrioler» une banque, à la manière de Jesse James.*
- *Déambuler dans des maisons où vécurent les Mark Twain, Scott Joplin, Walt Disney et autres légendes américaines.*

Sur les traces de Mark Twain

Cet itinéraire à travers le pays de Tom Sawyer et de Huckleberry Finn pourrait bien constituer une sorte de clin d'œil un brin nostalgique à votre enfance. Faites une croisière sur le Mississippi, visitez les charmantes petites villes de la région et arrêtez-vous dans les nombreux *farmers markets* – il est en effet bien facile de transformer aussi ce séjour en une aventure agrotouristique. Prenez le temps d'apprécier la vue splendide sur la vallée de la rivière Missouri, puis découvrez des lieux rappelant le souvenir de héros populaires de l'Amérique et quelques entreprises emblématiques des États-Unis.

Un grand héron

Le Lewis & Clark Boat House and Nature Center, à St. Charles

Le Jardin botanique du Missouri, à St. Louis

Itinéraire

Jours 1 et 2

St. Louis

Profitez des deux premiers jours de votre périple pour découvrir la ville de St. Louis. Commencez par l'ascension de la *Gateway Arch*, symbole de la conquête de l'Ouest. Faites un arrêt au théâtre Odyssey afin d'y voir une présentation sur les explorateurs Lewis et Clark, puis rendez-vous au Museum of Westward Expansion, qui contient des artéfacts rares datant de l'époque de la conquête de l'Ouest. Voyez une des plus grandes collections de mosaïques au monde à la cathédrale de St. Louis. Au Jardin botanique du Missouri, fondé en 1859, montez à bord du tram qui vous permettra de le parcourir et d'en apprécier la diversité. Visitez la brasserie Anheuser-Busch pour voir comment la très populaire bière Budweiser est fabriquée. Arrêtez-vous à la maison de Scott Joplin, compositeur décédé en 1917, où il y a toujours un pianiste pour interpréter ses pièces. Offrez-vous ensuite un repas dans l'un des restos du quartier branché de Soulard.

Jour 3

St. Louis – St. Charles – Hannibal **192 km**

En route vers Hannibal, arrêtez-vous à St. Charles, qui fut la première capitale de l'État du Missouri, entre 1821 et 1826. Découvrez cette charmante ville historique où, en 1804, les explorateurs Lewis et Clark se sont donné rendez-vous avant de partir à la conquête de l'Ouest. Vous pourrez y découvrir le Lewis & Clark Boat House and Nature Center, qui renferme des répliques des bateaux utilisés par les deux hommes. À votre arrivée à Hannibal, parcourez la ville en prenant le temps de vous arrêter à la maison d'enfance de Mark Twain, maintenant un musée rempli de manuscrits et d'objets de collection. Montez à bord du trolley qui sillonne les rues de la ville, à la recherche de lieux présents dans les livres du célèbre auteur, telle la maison de Becky Thatcher ou le bureau du juge Clemen. Rendez-vous ensuite à la grotte décrite dans le roman *Les Aventures de Tom Sawyer*. En soirée, faites une croisière sur le Mississippi.

Le Nelson-Atkins Museum of Art, à Kansas City

Timbre à l'effigie du Pony Express

La maison d'enfance de Mark Twain, à Hannibal

Jour 4

Hannibal – Marceline – St. Joseph **323 km**

Faites un arrêt à Marceline pour visiter le Walt Disney Hometown Museum. Enfant, Walt a passé quelques années ici avant de déménager avec sa famille à Kansas City. Maintenant convertie en musée, sa maison d'enfance abrite aujourd'hui quelques artéfacts et effets personnels ayant appartenu à la famille Disney. Continuez vers St. Joseph pour y voir le Musée de la maison Patee, siège social du Pony Express, ce service de courrier qui reliait l'est et l'ouest du pays au milieu du XIXe siècle. Pendant 18 mois avant l'arrivée du télégraphe, les messagers du Pony Express quittaient St. Joseph afin de se rendre sur la côte du Pacifique pour distribuer lettres et colis. À côté, vous trouverez la maison de Jesse James. C'est ici que, le 3 avril 1882, le chef de la bande hors-la-loi fut assassiné par Robert Ford, un membre de sa bande.

Mark Twain

Né sous le nom de Samuel Langhorne Clemens en 1835 à Florida, au Missouri, Mark Twain grandit à Hannibal, puis part découvrir l'Ouest américain à l'âge de 18 ans. Après avoir été rédacteur, typographe et imprimeur, il arrive à Virginia City, au Nevada, en 1862, et devient journaliste pour le *Territorial Enterprise*, dans lequel il se met à signer ses articles du nom de Mark Twain, nom qui provient d'une expression utilisée par les capitaines de bateaux à vapeur qui permet de savoir si le niveau de l'eau est propice pour le passage du bateau. Mark Twain est célèbre pour ses œuvres *Les Aventures de Tom Sawyer* et *Les Aventures de Huckleberry Finn*.

Jour 5

St. Joseph – Kansas City **87 km**

À destination de Kansas City, continuez votre périple sur les traces de Jesse

Kansas City

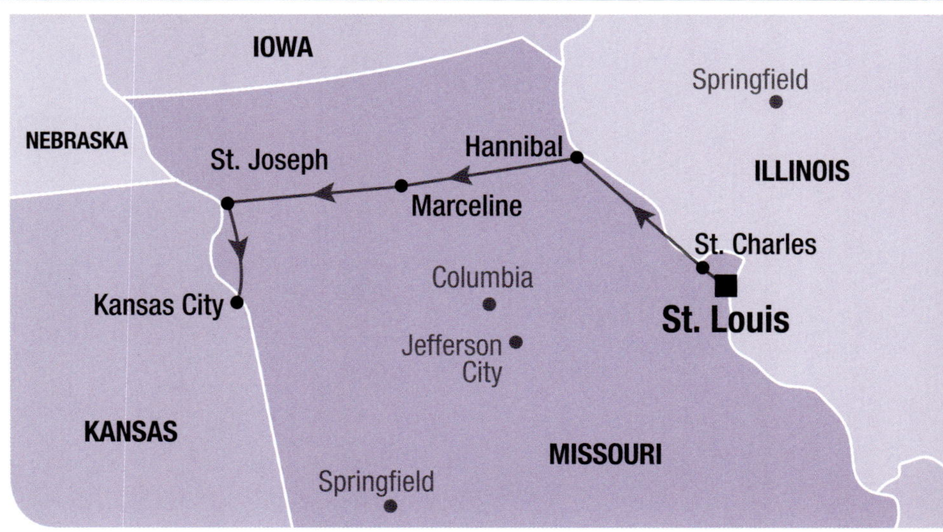

James et de sa bande de hors-la-loi en vous rendant à Kearny. Visitez la ferme familiale où il naquit, pour y voir plusieurs objets ayant appartenu à la famille, dont les bottes de Jesse James. Puis, dirigez-vous vers la ville de Liberty, où il commit le premier vol de banque en plein jour et en période de paix. Arborant la décoration d'époque, la Jesse James Bank, un musée historique, vous racontera l'événement.

Jours 6 et 7

Kansas City

Entreprenez votre exploration de Kansas City au Swope Park, avec ses vastes espaces verts et son zoo. Puis, découvrez le Nelson-Atkins Museum of Art, le quartier de Westport et ses nombreux restaurants et commerces, le Kansas City Jazz Museum et le River Market. Faites ensuite un arrêt à l'Agricultural Hall of Fame and National Center pour y voir une exposition unique sur les machines agricoles. Visitez le musée du bateau à aubes *Arabia*, qui coula dans la rivière Missouri en 1856 et qui fut retrouvé en 1988. Vous pourrez y voir des objets intacts datant de l'époque du naufrage. Rendez-vous ensuite au centre des visiteurs Hallmark, pour en apprendre plus sur cette célèbre entreprise de cartes de vœux.

Flamant rose dans les Everglades, en Floride

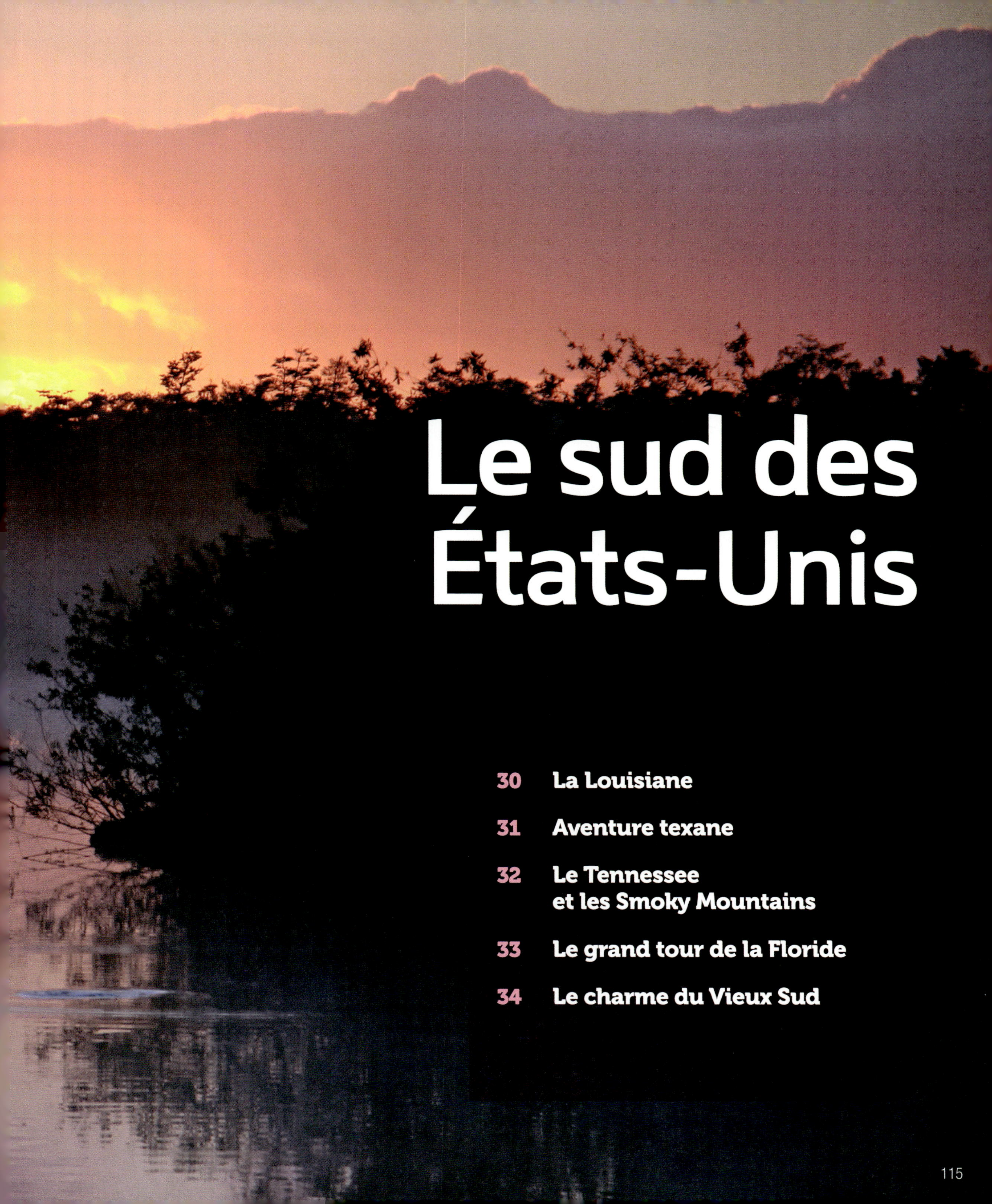

Le sud des États-Unis

▶ **Quand y aller ?**
Lors du Mardi Gras, la plus grande célébration en Louisiane, qui se tient en février ou en mars.

L'Oak Alley Plantation

▶ **7 jours**

▶ **Boucle au départ de La Nouvelle-Orléans**

Pour qui ? Pourquoi ?

Pour ceux et celles qui veulent connaître l'hospitalité du sud !

Inoubliable...

- *Assister au défilé du Mardi Gras, avec ses spectaculaires chars allégoriques et ses exubérants personnages costumés.*
- *Déguster des beignets chauds et un bon café dans le quartier français de La Nouvelle-Orléans.*
- *Se promener sur River Road entre Bâton-Rouge et La Nouvelle-Orléans, pour voir les plus belles plantations aux abords du Mississippi.*
- *Aller à la rencontre des Cajuns, les descendants des Acadiens, et explorer les bayous.*

La Louisiane

Le parcours de la Louisiane n'a rien de banal : sa riche histoire est ponctuée d'événements tant douloureux que festifs. Cet ancien bastion français, qui fait désormais partie des États-Unis, est unique par sa musique et sa cuisine issues du mélange des cultures française et espagnole. C'est ici que sont nés le jazz, la musique cajun et le zarico, tandis que le blues, le country et le rock-and-roll y ont acquis toute leur profondeur. Ce riche patrimoine musical est la toile de fond idéale pour déguster les plats typiques de la Lousiane, dont même les noms attisent la curiosité autant que le palais.

Un *gumbo*

Plantation de Laura

L'Old State Capitol, à Bâton-Rouge

Itinéraire

Jour 1

La Nouvelle-Orléans

Dès votre arrivée à La Nouvelle-Orléans, partez à la découverte de ses attraits mythiques : le quartier français, la cathédrale Saint-Louis, le square Jackson, le cimetière Saint-Louis, le City Park, le lac Pontchartrain et ses belles avenues Esplanade et Saint-Charles. Puis, visitez les jardins et la maison Longue-Vue, luxueuse résidence meublée d'antiquités des XVIIIe et XIXe siècles et entourée de vastes jardins.

Jour 2

La Nouvelle-Orléans – Mardi Gras et art de vivre

Ce matin, visitez le Mardi Gras World, un entrepôt dans lequel sont exposés des chars allégoriques et autres personnages surdimensionnés de la parade du Mardi Gras. Ne manquez pas cette visite si vous ne pouvez vous rendre à La Nouvelle-Orléans pendant les célébrations du Mardi Gras. En après-midi, flânez dans le French Quarter pour découvrir la rue Bourbon. S'y trouve l'ancien atelier de forgeron du pirate Jean Laffite, qui a protégé La Nouvelle-Orléans contre l'envahisseur britannique, où loge aujourd'hui un pub très couru. Vous pouvez également parcourir l'avenue Saint-Charles en montant à bord d'un tramway, pour admirer les nombreuses résidences d'époque.

Jour 3

La Nouvelle-Orléans – Bâton-Rouge 192 km

À partir de La Nouvelle-Orléans, faites route en longeant le fleuve Mississippi jusqu'à Bâton-Rouge. En chemin, ne manquez pas les plantations sur la River Road, entre autres la belle plantation créole de Laura. Puis, continuez jusqu'à la superbe Oak Alley Plantation, avec sa fameuse allée ombragée par des chênes centenaires. Arrivée en fin de journée à Bâton-Rouge, la capitale de la Louisiane.

La cathédrale St. John the Evangelist, à Lafayette

Votre guide : **Michel Vaillancourt** (voir p. 201)

Son coup de cœur : *La Nouvelle-Orléans*

Ma ville préférée en Louisiane, c'est définitivement La Nouvelle-Orléans. Le Vieux-Carré français, appelé The French Quarter, est tellement fascinant à visiter. Il ne faut pas manquer de le parcourir à pied pour en découvrir toutes les différentes facettes, ses restaurants, ses boutiques et ses petits pubs. Je conseille toujours à mes groupes d'aller au brunch musical du restaurant The Court of Two Sisters, situé dans le quartier français, pour goûter à la cuisine locale au son de la musique de jazz.

Bourbon Street

Jour 4

Bâton-Rouge

Commencez votre journée en plein cœur du centre-ville de Bâton-Rouge, à l'Old State Capitol, un château blanc de type gothique, qui abrite aujourd'hui le Musée de l'histoire politique. Ne manquez pas le film en « 4D » dans lequel le fantôme de Sarah Morgan, qui a réellement vécu au temps de la guerre de Sécession, vous relate l'histoire de la Louisiane. Visitez également le USS *Kidd*, un navire utilisé lors de la Seconde Guerre mondiale, aujourd'hui devenu un musée et un mémorial pour les vétérans.

Jour 5

Bâton-Rouge – Lafayette

160 km

Départ à destination de Lafayette, capitale de la Louisiane française. Sur place, ne manquez pas le centre culturel Jean Lafitte, où un film raconte la déportation vers la Louisiane des Acadiens de la Nouvelle-Écosse. Vous pourrez aussi explorer Vermilionville, une reconstitution de la Louisiane acadienne et créole du XVIIIe siècle. Puis, explorez les rues de Lafayette, où vous verrez entre autres la cathédrale

Excursion en bateau dans le bassin d'Atchafalaya

St. John the Evangelist et le chêne adjacent, vieux de 500 ans. Pour le repas du soir, rendez-vous dans l'un des nombreux restaurants de la ville pour déguster des spécialités locales au son de la musique cajun. Après quelques pas de danse, « laissez les bons temps rouler ».

Jour 6

Lafayette – Houma

168 km

Au cœur du bassin d'Atchafalaya, faites une excursion en bateau à fond plat pour découvrir cette région marécageuse. Par la suite, partez pour la ville historique de Saint-Martinville, surnommée le Petit Paris, où vous pourrez voir le chêne de l'histoire d'Évangéline et le monument en l'honneur des Acadiens déportés. Puis, visitez la fabrique Tabasco à Avery Island et ses célèbres jardins.

Jour 7

Houma – La Nouvelle-Orléans **93 km**

Ce matin, faites une croisière dans les bayous, ces petits cours d'eau qu'utilisaient les Cajuns pour le transport des marchandises. Vous pourrez y apercevoir des alligators, des ratons laveurs, des tortues et plusieurs centaines d'espèces d'oiseaux. Puis, pourquoi ne pas visiter une ferme d'alligators afin d'en apprendre plus sur ce reptile qui peuple les bayous de la Louisiane? Reprenez ensuite la route vers La Nouvelle-Orléans et imprégnez-vous une dernière fois de son ambiance unique, avant votre retour à la maison.

La Louisiane à la carte

Superficie: 134 383 km^2

Population: 4 625 000 habitants

Densité: 34 hab./km^2

Capitale: Bâton-Rouge

Villes importantes: La Nouvelle-Orléans (370 000 hab.), Bâton-Rouge (230 000 hab.)

Un plat: Le *gumbo*, une soupe épaisse qui ressemble à un ragoût, préparée à partir d'un roux brun auquel on ajoute viande rouge, volaille ou fruits de mer.

Quelques airs à écouter sur la route: *What a Wonderful World*, de Louis Armstrong; *Summertime*, de Sidney Bechet; *Blueberry Hill*, de Fats Domino; *Jig's Jig*, de Wynton Marsalis; *Right Place, Wrong Time*, de Dr. John; *La ballade de Jean Batailleur*, de Zachary Richard; *Jambalaya*, de Clifton Chenier; *Mardi Gras*, de Queen Ida; *Great Balls of Fire*, de Jerry Lee Lewis.

▶ **Quand y aller ?**
Avril et mai, ou septembre et octobre, pour la température agréable. Les mois d'été sont en général extrêmement chauds.

▶ **8 jours**

▶ **De Dallas à Houston**

Pour qui ? Pourquoi ?

Pour ceux qui s'intéressent à l'histoire de la conquête de l'Ouest et pour les amateurs de cowboys et de vieux westerns américains.

Inoubliable…

- *S'émouvoir à Dallas sur le site même où fut assassiné John F. Kennedy.*
- *Faire une croisière sur les canaux de San Antonio.*
- *Visiter le centre spatial de Houston.*
- *Apprendre à danser le Texas Two-Step dans un bar* honky tonk.

Aventure **texane**

Découvrez les paysages spectaculaires et variés du Texas, composés de lagunes, de montagnes, de prairies et de déserts. Admirez les missions espagnoles, les plages sans fin, les villes ultramodernes à perte de vue et les nombreux sites historiques en sillonnant les routes du deuxième État du pays par sa superficie. Apprenez-en plus sur le Texas d'aujourd'hui en vous imprégnant de son histoire truffée de batailles entre cowboys et Indiens, de rodéos et de lassos. Goûtez aux fameux barbecues tex-mex et dégustez une margarita glacée pour compléter votre aventure texane !

Southfork Ranch

Dallas

Votre guide : **Michel Vaillancourt** (voir p. 201)

Son coup de cœur : ***San Antonio***

Surnommée la «Venise des Amériques», San Antonio doit absolument se retrouver sur votre itinéraire si vous passez par le Texas. Ville invitante, il faut se balader le long du cours d'eau qui la traverse. N'hésitez pas à franchir les petits ponts qui relient les rives pour aller découvrir de charmants restaurants, pubs et boutiques. Le trajet, tantôt ombragé, tantôt ensoleillé, n'est pas trop pénible malgré la chaleur torride du Texas. Pendant votre séjour à San Antonio, allez aussi visiter le Fort Alamo, vous le ne regretterez pas.

Le Fort Alamo

Itinéraire

Jour 1

Dallas

Commencez votre exploration de la ville à la Pioneer Plaza, qui commémore les *trails* par lesquelles les colons sont arrivés jusqu'ici. Poursuivez avec le West End historique, puis la Dealey Plaza, au nord de laquelle s'élève l'ancien Texas School Book Depository, d'où fut assassiné le président John F. Kennedy. Le bâtiment abrite aujourd'hui le Sixth Floor Museum, qui relate avec émotion ces événements tragiques qui ont marqué l'histoire de Dallas. En après-midi, offrez-vous une excursion jusqu'au Southfork Ranch, où furent tournées les scènes extérieures de la célèbre série télévisée *Dallas*.

Jour 2

Dallas – Fort Worth

52 km

Ce matin, rendez-vous à Fort Worth, cette ville texane célèbre pour sa combinaison de cowboys et de culture. Visitez le quartier historique de Stockyards et assistez à une représentation du film *Spirit of the West*. Poursuivez votre découverte de la ville au Texas Cowboy Hall of Fame, qui rend hommage aux hommes et aux femmes qui ont excellé dans le rodéo. En soirée, allez faire un tour du côté du Billy Bob's Texas, le plus important bar *honky tonk* au monde, pour apprendre la danse à deux temps.

Jour 3

Fort Worth – Austin

305 km

Prenez la route vers Austin, la capitale de l'État. À votre arrivée, visitez le Bullock Texas State History Museum, qui relate l'histoire du Texas. Continuez votre visite en explorant le centre-ville, la Sixth Street, le Capitole, la maison du Gouverneur et l'Université du Texas.

Jour 4

Austin – San Antonio

128 km

Faites aujourd'hui route jusqu'à San Antonio, la ville la plus visitée du Texas, que l'on surnomme aussi «la Venise des

Un vignoble de la région de Fredericksburg

Le Bullock Texas State History Museum, à Austin

Le Centre spatial Lyndon B. Johnson

Une vache Texas Longhorn

Amériques» en raison de ses nombreux canaux. Sa cathédrale San Fernando, la plus ancienne du pays, et le Fort Alamo, où Davy Crockett s'est battu contre les envahisseurs mexicains, méritent à coup sûr qu'on s'y attarde, tout comme les différents quartiers du centre-ville.

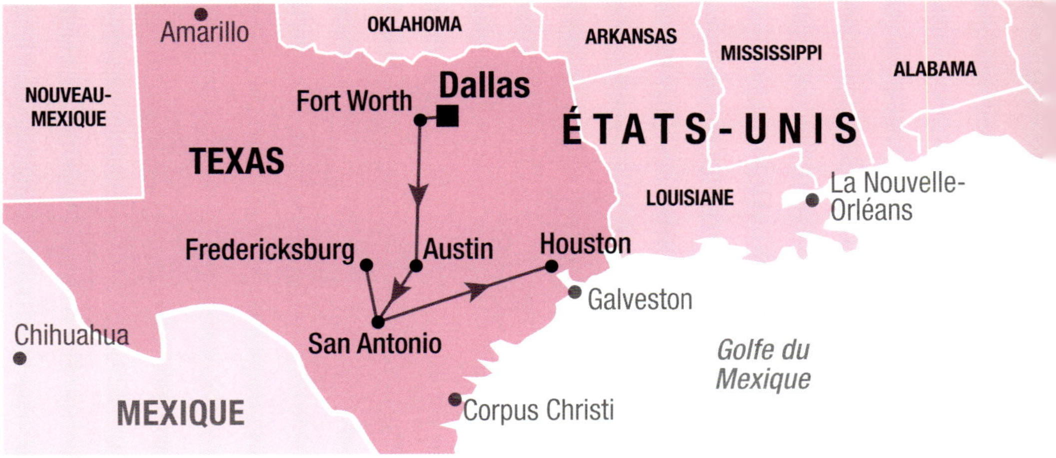

Jour 5

San Antonio

Commencez votre journée par une croisière sur le River Walk, le réseau de canaux navigables bordés de bars et restaurants de la ville. Par la suite, rendez-vous au El Mercado, un authentique marché mexicain, ou bien à la Mission San José, pour y découvrir un chef-d'œuvre d'architecture espagnole construit en 1720.

Jour 6

Excursion à Fredericksburg 226 km

Faites une excursion à Fredericksburg, un charmant petit village fondé par des colons allemands. Arrêtez-vous au parc historique national Lyndon B. Johnson pour en apprendre davantage sur le 36e président des États-Unis. Visitez la Maison-Blanche du Texas, d'où Johnson dirigeait le pays lorsqu'il se retirait chez lui. Avant de retourner à San Antonio, profitez de l'occasion pour vous arrêter dans l'un des vignobles de la région.

Le River Walk, à San Antonio

Jour 7

San Antonio – Houston

318 km

Prenez la route vers la quatrième ville en importance des États-Unis, Houston. Promenez-vous dans le quartier historique de Houston Heights et dans le quartier des musées. Arrêtez-vous au monument de San Jacinto, qui marque le site du champ de bataille où le Texas acquit son indépendance face au Mexique. S'y trouve un musée consacré à l'histoire de l'État.

Jour 8

Houston

Ne manquez pas le Centre spatial Lyndon B. Johnson et ses dizaines d'expositions, animations interactives et films destinés à vous aider à percer les mystères de l'espace. Assistez à la représentation d'un film qui vous mettra dans la peau d'un astronaute, depuis le moment où il est accepté dans le programme de formation jusqu'à sa première mission. Dirigez-vous par la suite dans la salle de décollage afin de participer à la simulation d'un lancement dans l'espace. Lors de la visite en tramway de la NASA, vous découvrirez le centre de contrôle des missions spatiales, ainsi que le Rocket Park, où se trouve entre autres la fusée *Saturn V*, la plus puissante fusée jamais construite.

Le Texas à la carte

Superficie : 695 621 km²

Population : 25 613 722 habitants

Densité : 36,8 hab./km²

Capitale : Austin

Villes importantes :
Houston (2 150 000 hab.),
San Antonio (1 350 000 hab.),
Dallas (1 240 000 hab.)

Un plat : Le *chili con carne*, un ragoût épicé composé de bœuf haché, de piments, de tomates, d'oignons, d'ail, de coriandre, de cumin et, dans sa version texane pure, de morceaux de bacon au lieu des haricots rouges.

Quelques airs à écouter sur la route : *That'll Be the Day*, de Buddy Holly ; *Always On My Mind*, de Willie Nelson ; *You Got It*, de Roy Orbison ; *Piece Of My Heart*, de Janis Joplin ; *I'd Do Anything for Love (But I Won't Do That)*, de Meat Loaf ; *Islands In The Stream*, de Kenny Rogers et Dolly Parton ; *Crazy In Love*, de Beyoncé Knowles ; *Help Me Make It Through The Night*, de Kris Kristofferson.

Les Smoky Mountains

▶ **8 jours**

▶ **De Memphis à Atlanta**

Pour qui ? Pourquoi ?

Pour les amoureux de musique country et de grands espaces.

Inoubliable...

- *Explorer les pièces de la célèbre Graceland, où vécut Elvis.*
- *Taper du pied au Country Music Hall of Fame, à Nashville.*
- *Miser sur le bon cheval au Derby du Kentucky, à Louisville, le premier samedi de mai.*
- *Visiter le vignoble du domaine Biltmore, à Asheville.*

Le Tennessee et les Smoky Mountains

Cet itinéraire vous mènera à la découverte de deux légendaires villes musicales du Tennessee, Memphis et Nashville, avant de vous conduire jusqu'à Louisville, au Kentucky. Puis, retour au Tennessee pour l'exploration du parc national le plus visité aux États-Unis, le fabuleux Great Smoky Mountains National Park, de ses montagnes, de sa faune, de sa flore et des bâtiments historiques de Cades Cove. Terminez votre séjour en goûtant aux fameuses pêches juteuses et fraîchement cueillies, à Atlanta, l'une des belles du sud.

Le Derby du Kentucky, à Louisville

L'auditorium Ryman, à Nashville

Memphis

Itinéraire

Jour 1

Memphis

Commencez votre visite de Memphis par la plus célèbre maison de la ville : *Graceland*. Ce pèlerinage dans la demeure d'Elvis Presley vous permettra d'en connaître encore davantage sur le *King*. Continuez vos découvertes en vous rendant au Sun Studio, où un grand nombre d'artistes enregistrèrent des succès d'un nouveau genre musical : le rock-and-roll. Rendez-vous au Stax Museum pour tout savoir sur la musique soul et les grands de ce genre, tel Otis Redding. Arrêtez-vous au Motel Lorraine, site de l'assassinat de Martin Luther King en 1968. En soirée, dirigez-vous vers Beale Street, berceau du blues.

Jour 2

Memphis – Lynchburg – Nashville **545 km**

En route vers Nashville, capitale de la musique country, faites halte à Lynchburg pour visiter la distillerie Jack Daniels. Apprenez comment cette véritable institution fabrique depuis 1866 le Tennessee Whiskey. À votre arrivée à Nashville, rendez-vous sur Broadway pour voir à l'œuvre des groupes locaux dans un des *honky tonks*, les bars country de la ville.

Jour 3

Nashville

Visitez la capitale de l'État, avec son Capitole, son auditorium Ryman, son Parthénon, réplique de l'original d'Athènes, et sa Music Row, où sont regroupés les studios d'enregistrement. Explorez le Country Music Hall of Fame pour vous familiariser avec ce style musical.

Jour 4

Nashville – Louisville

280 km

Aujourd'hui, faites route vers Louisville, dans l'État du Kentucky. Visitez l'hippodrome où se tient le réputé Derby du Kentucky, cette importante course de chevaux. Visitez ensuite le Louisville Slugger Museum, ce musée doublé des ateliers où sont fabriqués les fameux bâtons de baseball du même nom. Terminez la journée sur la 4e Avenue, où vous trouverez plusieurs pubs et restaurants branchés.

Le long de la route Newfound Gap

Martin Luther King

Grand militant pour les droits civiques, Martin Luther King est né à Atlanta le 15 janvier 1929. Son discours célèbre, intitulé *I Have a Dream*, prononcé le 28 août 1963 devant le Lincoln Memorial à Washington, au cours d'une manifestation pour l'emploi et la liberté, a marqué l'histoire et demeure encore d'actualité aujourd'hui.

King obtint le prix Nobel de la paix en 1964 pour sa lutte non-violente contre la ségrégation raciale. Il s'opposa ensuite à la guerre du Vietnam et milita contre la pauvreté, avant d'être assassiné le 4 avril 1968, dans la ville de Memphis, au Tennessee.

Le domaine Biltmore, à Asheville

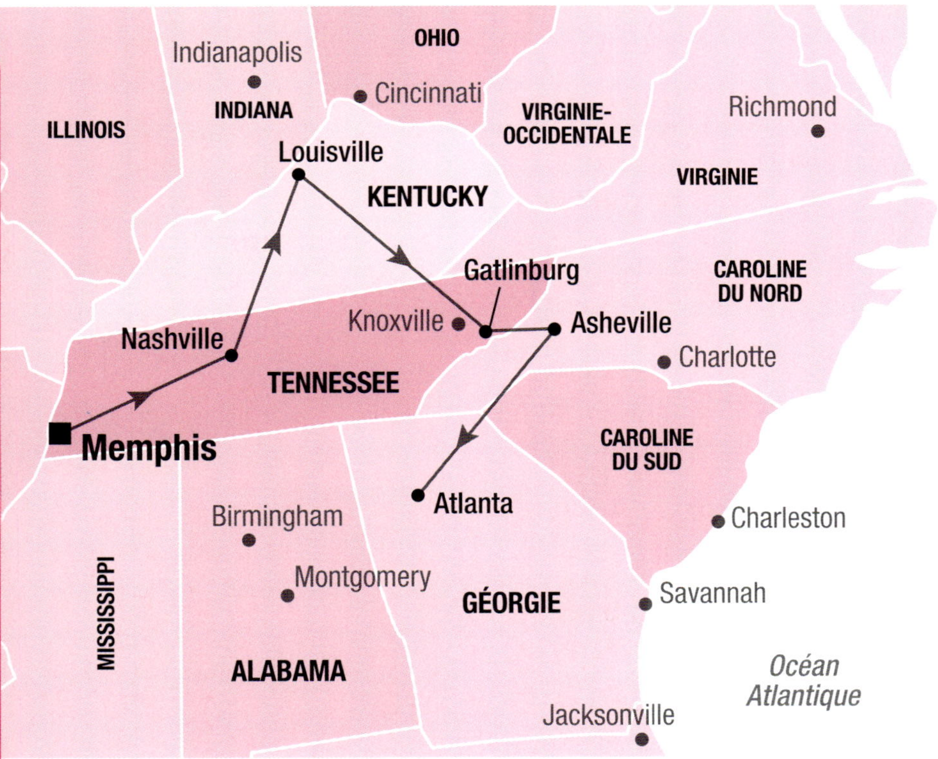

Jour 5

Louisville – Gatlinburg

463 km

Partez à destination de la forêt nationale Daniel Boone. Vous pourrez y voir la chute Cumberland, haute de 38 m. Puis, retournez au Tennessee, à Gatlinburg, au pied des Great Smoky Mountains, où se trouve le parc national le plus visité aux États-Unis.

Jour 6

Excursion à Dollywood

34 km

Passez la journée à Dollywood, ce parc thématique inspiré par Dolly Parton, son amour des montagnes et de la musique country. Montez à bord du train à vapeur afin de faire le tour du parc, puis promenez-

Atlanta

vous dans les différentes zones afin d'en découvrir plus sur la région et ses traditions. En soirée, assistez à une représentation au restaurant-théâtre Dixie Stampede.

Jour 7
Gatlinburg – Parc national des Great Smoky Mountains – Asheville **148 km**

Quittez Gatlinburg et rendez-vous au cœur des montagnes, le long de la route Newfound Gap, jusqu'au dôme Clingman, qui culmine à 2 025 m. Tout au long du trajet, vous pourrez admirer cette brume bleuâtre qui a donné son nom au parc. À votre arrivée à Asheville, rendez-vous au domaine Biltmore, cette vaste demeure construite par la famille Vanderbilt. Visitez ce château de style Renaissance française qui est rempli de toiles et d'antiquités, incluant la table d'échecs de Napoléon. Ne manquez pas de faire une promenade dans les jardins.

Jour 8
Asheville – Atlanta
334 km

Lors de votre arrivée à Atlanta, en Géorgie, visitez l'Atlanta History Center pour en apprendre plus sur la ville et sa région. Puis, faites un saut au Coca Cola Museum et aux studios de télévision de CNN. Terminez vos découvertes en vous rendant à la maison de Margaret Mitchell, l'auteure d'*Autant en emporte le vent*, qui abrite aujourd'hui une collection d'objets ayant servi lors du tournage du fameux film sorti en 1939.

Le Tennessee à la carte

Superficie: 109 151 km^2

Population: 6 495 000 habitants

Densité: 59,5 hab./km^2

Capitale: Nashville

Villes importantes: Memphis (655 000 hab.), Nashville (624 500 hab.)

Un plat: Les Backyard BBQ'd Spareribs, ces côtes de porc fumées *Memphis style*.

Quelques airs à écouter sur la route: *I Will Always Love You*, de Dolly Parton; *All Shook Up*, d'Elvis Presley; *You Better Be Good to Me*, de Tina Turner; *I Walk the Line*, de Johnny Cash; *Crazy*, de Patsy Cline.

▶ **Quand y aller ?**
La température de la Floride est clémente toute l'année ! Notez toutefois que des orages violents peuvent survenir à tout moment en été et que l'automne est propice aux ouragans.

Les bâtiments Art déco de South Beach

▶ **13 jours**

▶ **De St. Petersburg à St. Augustine**

Pour qui ? Pourquoi ?

Pour les adeptes du cinéma, des plages, des musées… tous y trouveront leur compte.

Inoubliable…

- *Visiter le Centre spatial Kennedy pour faire une visite guidée des installations de la NASA.*
- *Franchir le Seven Mile Bridge, afin de gagner le point le plus méridional rattaché aux États-Unis continentaux, tout au bout des Keys.*
- *Explorer les rues de South Beach, à Miami Beach, pour observer ses quelque 800 bâtiments Art déco.*
- *Assister, en février, à une course automobile Nascar au Daytona Speedway.*

Le grand tour de la **Floride**

Avec son climat clément à longueur d'année, la Floride séduit autant les retraités que les familles, les *stars* et les sportifs. Son littoral de sable blond bordé de cocotiers ainsi que son chapelet d'îles, incluant Key West, séduiront les uns tandis que les autres préféreront s'échapper dans le parc national des Everglades, à la rencontre de sa faune extraordinaire. Les familles quant à elles y trouveront leur compte grâce aux parcs à thèmes de Disney et des studios Universal, dans les environs d'Orlando.

Pélicans sur l'île de Sanibel

Key West

La résidence des Ringling, à Sarasota

Un alligator dans les Everglades

Itinéraire

Jour 1

St. Petersburg

Visitez les Sunken Gardens, où vous verrez des plantes et des fleurs tropicales d'une beauté à couper le souffle, mais surtout l'étonnant Dalí Museum, le plus important musée consacré à l'artiste surréaliste hors d'Espagne. Profitez du reste de la journée pour découvrir la ville et ses plages, où le soleil brille 361 jours par année.

Jour 2

St. Petersburg – Sarasota 217 km

Faites route vers Sarasota pour y visiter le musée d'art Ringling, qui doit son nom à John Ringling, personnage connu dans le monde du cirque. Vous pourrez y voir une impressionnante collection d'art baroque, un musée du cirque, ainsi que les pièces de la superbe résidence d'hiver d'inspiration vénitienne des Ringling.

Jour 3

Excursion à l'île de Sanibel 20 km

Consacrez cette journée à la découverte de la magnifique île de Sanibel, reconnue pour ses plages magnifiques recouvertes de coquillages. En fin de journée, au départ de l'île de Captiva, une croisière vous permettra peut-être d'apercevoir des dauphins.

Jour 4

Fort Myers – Naples 45 km

Déjeunez tranquillement sur une terrasse ensoleillée de Fort Myers, après avoir visité les maisons de Thomas Edison et Henry Ford, qui constituent aujourd'hui l'un des sites historiques américains les plus visités. Puis, faites route vers Naples, cette ville sophistiquée du sud-ouest de la Floride, et admirez ses plages, ses boutiques de luxe, ses nombreuses galeries d'art et ses terrains de golf.

Jour 5

Naples – Excursion dans les Everglades – Key West 408 km

Ce matin, départ pour le parc national des Everglades, une immense réserve naturelle où oiseaux, alligators et autres mammifères marins trouvent refuge. Longez ensuite la route 1, bordée de vastes plans d'eau bleu-vert, pour vous

St. Augustine

La maison de Pinocchio, à Disney World

Le Kennedy Space Center

rendre jusqu'à Key West, la ville la plus au sud des États-Unis continentaux.

Jour 6

Key West

Explorez cette ville fascinante à votre rythme. Faites le tour des bars et des galeries d'art de Duval Street, déambulez dans le quartier historique, partez en excursion de plongée, visitez la demeure du célèbre écrivain Ernest Hemingway, et arpentez à vélo les rues bordées de belles maisons posées dans de luxuriants jardins. En soirée, prenez part aux célébrations quotidiennes entourant le coucher du soleil.

Jour 7

Key West – Miami Beach 270 km

En matinée, empruntez la pittoresque route 1, qui relie les Keys les unes aux autres, jusqu'à Miami Beach. À votre arrivée, admirez les édifices d'architecture Art déco dans le quartier de South Beach, explorez « Little Havana », centre cubain de Miami, ou prélassez-vous simplement sur la plage de sable doré de votre hôtel.

Jour 8

Miami Beach – Fort Lauderdale – Palm Beach 125 km

Ce périple sur la « Gold Coast » vous mènera vers Fort Lauderdale, souvent comparée à Venise en raison de ses lagunes, rivières et nombreux canaux. Faites un peu de lèche-vitrine sur Las Olas Boulevard ou marchez le long de l'océan Atlantique. En fin d'après-midi, partez à destination de la prestigieuse ville de Palm Beach.

Jour 9

Palm Beach – Cocoa Beach 219 km

Durant la matinée, explorez la chic Palm Beach et son impressionnant domaine dénommé Whitehall à l'époque de sa construction par le magnat du chemin de fer Henry Flagler, qui abrite aujourd'hui le Flagler Museum. Puis, faites route vers Cape Canaveral pour y visiter le Kennedy Space Center, lieu de lancement des navettes spatiales. Située non loin du centre spatial, Cocoa Beach constitue un bon choix où vous installer.

Jour 10

Cocoa Beach – Orlando 96 km

En matinée, quittez Cocoa Beach, capitale du surf, pour vous rendre aux parcs

Le Seven Mile Bridge, dans les Keys

thématiques d'Orlando. Profitez du reste de la journée pour visiter Walt Disney World, qui englobe plusieurs grands parcs thématiques et aquatiques, dont le Magic Kingdom, Epcot, les Disney's Hollywood Studios et le Disney's Animal Kingdom.

Jours 11 et 12

Orlando

Continuez votre découverte des sites de Walt Disney World. Plusieurs journées pourraient être nécessaires pour bien profiter de chacun des parcs. Visitez également les différents sites d'Universal Orlando, qui regroupent deux parcs thématiques, dont les Universal Studios, qui vous permettront d'entrer dans l'action de vos films ou téléséries préférés, et les Islands of Adventure, avec leurs imposantes montagnes russes et leur secteur consacré à Harry Potter.

Jour 13

Orlando – Daytona Beach – St. Augustine 173 km

Dirigez-vous vers Daytona Beach, qui offre une foule d'attractions. Chaque personne saura y trouver son compte avec son musée des arts et des sciences, son immense *speedway* et ses plages. Prenez ensuite la route jusqu'à St. Augustine, la plus ancienne ville « européenne » des États-Unis. Explorez son quartier historique espagnol du XVIIIe siècle qui a été reconstitué, puis visitez le Castillo de San Marcos, qui date du XVIIe siècle.

La Floride à la carte

Superficie : 150 304 km^2

Population : 19 553 000 habitants

Densité : 130,1 hab./km^2

Capitale : Tallahassee

Villes importantes : Jacksonville (836 500 hab.), Miami (413 800 hab.), Tampa (347 600 hab.), Orlando (249 500 hab.)

Un plat : La *Key lime pie*, une succulente tarte au citron vert des Keys.

Quelques airs à écouter sur la route : *Hit the Road Jack*, de Ray Charles ; *Refugee*, de Tom Petty and the Heartbreakers ; *Conga*, de Gloria Estefan and Miami Sound Machine ; *Cheeseburger in Paradise*, de Jimmy Buffett.

Le sud des États-Unis

▶ **Quand y aller ?**
En mai, pour la température agréable et les plantations en fleurs.

Le Vieux Carré français, à La Nouvelle-Orléans

▶ **13 jours**

▶ **De Natchez à Charleston**

Pour qui ? Pourquoi ?

Pour les nostalgiques du Vieux Sud, aussi amateurs d'histoire et d'architecture.

Inoubliable...

- *Dormir dans l'une des plantations centenaires de la région transformées en* bed and breakfasts.
- *Assister à un spectacle de jazz ou de blues dans Bourbon Street, à La Nouvelle-Orléans.*
- *Visiter les entreprises légendaires d'Atlanta que sont Coca-Cola et la station de télévision CNN.*
- *Remonter dans le temps jusqu'au XVIIe siècle à la plantation Magnolia.*

Le charme du Vieux Sud

Découvrez l'histoire des habitants du sud des États-Unis, à travers les épreuves et les guerres qu'ils ont traversées. Promenez-vous dans des demeures datant d'une époque faste et flânez dans les rues et ruelles pour apprécier l'architecture particulière des vieux quartiers. Appréciez la légendaire hospitalité des gens du sud et laissez-vous entraîner dans l'ambiance du film *Autant en emporte le vent*. Humez le parfum du jasmin, prenez un thé à la menthe sous une véranda et laissez-vous emporter en plein cœur de Dixie.

Le Fort Condé, à Mobile

Votre guide : **Michel Vailancourt** (voir p. 201)

34

Son coup de cœur :

Les plantations

Chaque fois que je retourne dans le sud des États-Unis, je ne peux m'empêcher d'aller visiter les plantations. Anciennes fermes de coton ou de tabac, ces propriétés comportaient des terrains immenses, avec plusieurs bâtiments et souvent de grandioses manoirs peints en blanc. Entrer dans ces belles demeures, c'est faire un retour dans le passé, à l'époque où les gentlemans fumaient des cigares pendant que les belles dames sirotaient leur thé dans leurs robes à cerceaux. Que la vie semblait belle avant la guerre de Sécession.

La plantation Magnolia

Itinéraire

Jour 1

Natchez

Visitez Natchez, au Mississippi, autrefois un lieu prospère de l'industrie du coton, avec plus de 600 maisons *antebellum* et ses plantations. Afin de revivre l'époque des *saloons*, rendez-vous en soirée à l'Under-the-Hill Saloon.

Jour 2

Natchez – La Nouvelle-Orléans **283 km**

En poursuivant votre périple vers la Louisiane, vous croiserez bientôt la route des plantations le long du Mississippi. Faites un arrêt à la grandiose plantation Nottoway, puis continuez vers la Houmas House, l'une des dernières plantations encore habitées.

Jour 3

La Nouvelle-Orléans

Découvrez *The Big Easy*, en visitant le Vieux Carré français, la cathédrale Saint-Louis, le square Jackson, le cimetière Saint-Louis, le City Park, le lac Pontchartrain, ainsi que les belles avenues Esplanade et Saint-Charles. Promenez-vous dans Bourbon Street et dégustez les fameux beignets servis avec un café au lait.

Jour 4

La Nouvelle-Orléans – Biloxi **145 km**

Aujourd'hui, retour au Mississippi. Visitez Biloxi et son centre historique. Arrêtez-vous au mémorial de l'ouragan *Katrina*, puis dirigez-vous vers la marina pour faire une croisière et vous initier à la pêche à la crevette.

Jour 5

Biloxi – Mobile **101 km**

Quittez le Mississippi pour vous rendre à Mobile, en Alabama. Explorez cette ville qui fut la première capitale du territoire de la Louisiane en 1702. Ville culturelle comptant plusieurs galeries d'art et musées, Mobile abrite également d'agréables quartiers historiques.

Jour 6

Mobile

Rendez-vous au Fort Condé pour une immersion dans ce qu'était la vie dans

L'Alabama State Capitol, à Montgomery

Les jardins botaniques de Birmingham

Charleston

une forteresse française du XVIIIe siècle. Attardez-vous dans les jardins Bellingrath, une véritable oasis. Goûtez la cuisine de Mobile, l'une de ses attractions principales. Essayez la viande grillée sur barbecue au Brick Pit ou la cuisine créole chez Mary's Place.

Jour 7

Mobile – Montgomery

271 km

En route vers Montgomery, faites un arrêt à Monroeville, ville natale de Harper Lee, auteure de *To Kill a Mocking bird*, célèbre roman qui explore le racisme du sud. Visitez l'Alabama State Capitol, la bibliothèque Rosa Parks, la Dexter Avenue King Memorial Baptist Church et l'Old Alabama Town. Si la musique vous intéresse, arrêtez-vous un moment au musée Hank Williams et, en soirée, rendez-vous au 1048 Jazz and Blues Club.

Jour 8

Montgomery – Birmingham **147 km**

C'est dans le centre-ville de Birmingham, la plus grande ville d'Alabama, que se trouve l'Institut des droits civiques, qui présente des expositions touchantes et des kiosques interactifs qui relatent le combat de l'homme pour la liberté. Visitez le parc Kelly Ingram pour mieux comprendre le mouvement des droits civiques.

Jour 9

Birmingham

Continuez votre visite de la ville en vous rendant au Birmingham Museum of Art, aux jardins botaniques et à l'atrium du Riverchase Galleria Mall. Profitez d'une vue incroyable sur la ville et les montagnes rouges du parc Vulcan.

Jour 10

Birmingham – Atlanta

236 km

À votre arrivée à Atlanta, en Géorgie, visitez l'Atlanta History Center pour mieux comprendre l'histoire de la ville et de la région et le World of Coca-Cola. Terminez vos découvertes de la ville dans les studios de télévision de la célèbre station CNN.

Les plages de la Caroline du Sud

Jour 11

Atlanta – Savannah

399 km

Arpentez les rues du quartier historique de Savannah, au charme sudiste incontestable. Le long du fleuve, promenez-vous dans les belles rues pavées que sont Factor's Walk et River Street, où les anciens entrepôts de coton ont été transformés en magasins, tavernes et restaurants. Flânez au rythme de la vie sudiste.

Jour 12

Savannah – Charleston

171 km

Partez à destination de la Caroline du Sud et de l'océan Atlantique. À votre arrivée à Charleston, dirigez-vous vers la plantation Magnolia, au nord de la ville. Visitez son parc qui date des années 1680. Arrêtez-vous par la suite à Drayton Hall, situé à quelques centaines de mètres.

Jour 13

Charleston

Charleston a beaucoup de cachet, avec ses imposantes demeures et ses petites maisons alignées le long de rues étroites. Cette ville de plus de 300 ans arbore une magnifique architecture et fut jadis le berceau de l'hospitalité du sud. Faites une balade dans le quartier historique ou le long des plages de la ville pour vous détendre.

Le Mississippi à la carte

Superficie: 123 514 km^2

Population: 3 000 000 d'habitants

Capitale: Jackson

Villes importantes: Jackson (175 000 hab.), Gulfport (70 000 hab.)

Quelques airs à écouter sur la route: *Breathe*, de Faith Hill; *Blue*, de LeAnn Rimes; *Stand by Your Man*, de Tammy Wynette.

La Caroline du Sud à la carte

Superficie : 80 583 km^2

Population : 4 725 000 habitants

Capitale : Columbia

Villes importantes:
Columbia (131 500 hab.),
Charleston (125 000 hab.),
North Charleston (101 000 hab.)

Un plat: Le Lady Baltimore Cake, un gâteau blanc étagé garni d'amandes, de raisins et de cerises confites hachés.

Quelques airs à écouter sur la route: *Get Up (I Feel Like Being A) Sex Machine*, de James Brown; *(You Can Never Tell) C'est la Vie*, de Chubby Checker.

L'Alabama à la carte

Superficie: 135 765 km^2

Population: 4 636 000 habitants

Capitale: Montgomery

Villes importantes: Birmingham (212 000 hab.), Montgomery (201 000 hab.), Mobile (195 000 hab.), Huntsville (180 000 hab.)

Un plat: L'Alabama Smoky Barbecued Chicken, servi avec une sauce blanche très épicée.

Quelques airs à écouter sur la route: *Sweet Home Alabama*, de Lynyrd Skynyrd; *All Night Long*, de Lionel Richie; *Boulder to Birmingham*, d'Emmylou Harris; *Unforgettable*, de Nat King Cole.

La Géorgie à la carte

Superficie: 153 909 km^2

Population: 9 990 000 habitants

Capitale: Atlanta

Villes importantes: Atlanta (443 000 hab.), Columbus (198 000 hab.), Augusta (197 800 hab.)

Un plat: Le *grits*, sorte de gruau à base de maïs séché que l'on mange au petit déjeuner.

Quelques airs à écouter sur la route: *Georgia on my Mind*, de Ray Charles; *Long Tall Sally*, de Little Richard; *Midnight Train to Georgia*, de Gladys Knight.

Le fleuve Colorado dans le parc national de Canyonlands

L'Ouest américain

Sedona

▶ 12 jours

▶ De San Diego à Los Angeles

Pour qui ? Pourquoi ?

Pour les voyageurs ayant des intérêts diversifiés et qui veulent faire un survol de l'Ouest américain.

Inoubliable...

- *Survoler le Grand Canyon en hélicoptère.*
- *Faire une randonnée dans le parc national de Yosemite pour y découvrir ses chutes, ses séquoias géants et sa nature sauvage.*
- *Découvrir le paysage surréaliste de la Death Valley, avec son désert, ses oasis et les sommets enneigés au loin.*

Grand tour de l'Ouest

Depuis la ruée vers l'or californienne, le Far West américain attise la curiosité. De grandes villes américaines occupent aujourd'hui cette terre mythique : Los Angeles, capitale du cinéma ; Las Vegas, capitale du jeu ; San Francisco, où on laisse son cœur... Terre de contrastes, l'Ouest américain vous ouvre ses bras avec cet itinéraire qui vous mènera aussi dans ses déserts, ses montagnes creusées par le passage de glaciers, ses plages à couper le souffle et ses sommets aux neiges éternelles, où tout amateur de grands espaces sera également comblé.

Montezuma Castle

Éclairage public à Scottsdale

Le Grand Canyon

Itinéraire

Jour 1

San Diego

Visitez la ville de San Diego, berceau de la Californie, avec son port, le centre commercial de Seaport Village et le parc Balboa. En après-midi, ne manquez pas le zoo de San Diego, considéré comme le plus grand jardin zoologique au monde. Terminez votre journée dans le quartier de Gaslamp.

Jour 2

San Diego – Scottsdale

585 km

Faites route vers l'Arizona en passant par Yuma, cette ville située à la frontière mexicaine. Vous traverserez ainsi la Vallée impériale, un ancien désert converti en riches terres agricoles. Terminez la journée à Scottsdale, un lieu de villégiature réputé pour son architecture.

Jour 3

Scottsdale – Flagstaff

249 km

Partez pour Flagstaff en empruntant la route panoramique qui mène à l'Oak Creek Canyon, qui se distingue par ses spectaculaires escarpements colorés. Visitez le monument national de Montezuma Castle, puis arrêtez-vous au charmant village de Sedona, construit au milieu des rochers rouges, avant de poursuivre jusqu'à Flagstaff.

Jour 4

Flagstaff – Grand Canyon – Las Vegas **567 km**

En début de matinée, partez à destination du Grand Canyon : cette merveille du monde vous éblouira par ses couleurs rougeoyantes et ses escarpements aux formes grandioses. Puis, faites route vers Las Vegas, au Nevada, en empruntant la mythique Route 66. En chemin, un arrêt à Seligman, ville emblématique de la Route 66 s'il en est une, s'impose.

Jour 5

Las Vegas

Profitez de cette journée pour tenter votre chance dans un des nombreux casinos ou arpentez le célèbre *Strip* pour voir les attractions gratuites présentées dans les

35

Un cactus en fleur

Death Valley

Le château Hearst, à San Simeon

différents hôtels. En soirée, assistez à l'un des nombreux spectacles proposés (procurez-vous vos billets à l'avance).

Jour 6

Las Vegas – Fresno

741 km

Quittez le Nevada en direction de la Californie en traversant le désert le plus célèbre d'Amérique: le parc national de la Vallée de la Mort (Death Valley), où le climat est l'un des plus chauds au monde. Poursuivez ensuite votre route vers Fresno.

Jour 7

Fresno – San Francisco

434 km

Empruntez la route à travers la Sierra Nevada jusqu'au parc national de Yosemite, dont la vallée granitique sculptée par le passage des grands glaciers est un véritable chef-d'œuvre de la nature. Après votre visite, poursuivez votre route vers San Francisco.

Jour 8

San Francisco

Découvrez cette ville de renommée mondiale en visitant le quartier chinois, le quartier financier, la cathédrale St. Mary's et enfin le parc et le pont du Golden Gate. Explorez ensuite les boutiques du Fisherman's Wharf et parcourez la ville à bord d'un *cable car*.

Jour 9

San Francisco – Monterey **189 km**

Faites la visite d'Alcatraz, où Al Capone fut incarcéré. Puis, prenez la route vers Monterey en empruntant la fameuse 17-Mile Drive, ce parcours panoramique parsemé de terrains de golf réputés, de superbes plages et de magnifiques résidences.

Jour 10

Monterey – San Simeon

272 km

Empruntez la spectaculaire Pacific Coast Highway (route 1), l'une des plus belles routes des États-Unis, particulièrement entre Carmel et San Simeon. À San Simeon, ne manquez pas de faire la visite du château Hearst, un exubérant domaine ayant appartenu au magnat de la presse William Randolph Hearst.

Le parc national de Yosemite

Jour 11
San Simeon – Santa Barbara – Malibu – Los Angeles **276 km**

En chemin vers Los Angeles, arrêtez-vous à Solvang pour son atmosphère toute danoise. Ensuite, rendez-vous à Santa Barbara, où vous pourrez visiter la Mission Santa Barbara, surnommée «la reine des missions». Longez ensuite la côte à la découverte des célèbres plages de Malibu.

Jour 12
Los Angeles

Visitez le quartier historique d'El Pueblo, puis Hollywood avec sa célèbre «promenade des étoiles» et son Chinese Theatre, où vous pourrez voir les empreintes de quelque 200 vedettes du cinéma.

La Californie à la carte

Superficie: 423 970 km^2

Population: 38 millions

Densité: 89,6 hab./km^2

Capitale: Sacramento

Villes importantes:
Los Angeles (3 850 000 hab.),
San Diego (1 338 000 hab.),
San Francisco (825 000 hab.)

Un plat: La *California-style pizza*, dont la croûte mince est garnie d'ingrédients non traditionnels, comme du poulet rôti, du fromage de chèvre, des artichauts et autres.

Quelques airs à écouter sur la route: *Fun, Fun, Fun*, des Beach Boys; *Bad Moon Rising*, de Creedence Clearwater Revival; *Hotel California*, des Eagles; *California Dreamin'*, de The Mamas & the Papas; *L.A. Woman*, de The Doors.

Le Nevada à la carte

Superficie: 284 613 km^2

Population: 2,7 millions

Densité: 9,5 hab./km^2

Capitale: Carson City

Villes importantes:
Las Vegas (596 000 hab.),
Henderson (265 600 hab.),
Reno (231 000 hab.)

Un plat: Le *shrimp cocktail*, des crevettes cuites mais servies froides, accompagnées d'une trempette. Un classique de Las Vegas!

Quelques airs à écouter sur la route: *Viva Las Vegas*, d'Elvis Presley; *Stop in Nevada*, de Billy Joel; *Leaving Las Vegas*, de Sheryl Crow; *I Love Vegas Medley*, de Dean Martin; *That Old Black Magic*, de Sammy Davis, Jr.; *Fly Me to the Moon*, de Frank Sinatra.

▸ **Quand y aller ?**
En septembre ou octobre, pour la température agréable.

Le Grand Canyon

▸ **9 jours**

▸ **De Las Vegas au Bryce Canyon**

Pour qui ? Pourquoi ?

Pour ceux qui souhaitent observer la faune, la flore et les formations rocheuses millénaires dans un paysage désertique.

Inoubliable...

- *Parcourir Monument Valley en 4x4, accompagné d'un guide navajo.*
- *Photographier le Grand Canyon au lever ou au coucher du soleil pour une vision plus dramatique grâce aux couleurs rougeâtres des roches.*
- *Admirer le Bryce Canyon et son amphithéâtre naturel fait de cheminées des fées en calcaire multicolore.*

Les parcs nationaux américains

Nul ne peut rester indifférent devant de telles beautés. Un seul mot nous vient en tête pour décrire les parcs nationaux : majestueux ! Émerveillez-vous devant de grandioses canyons. Traversez des déserts et des terres amérindiennes en quête d'aventure. Faites une balade à cheval sur les sentiers afin d'explorer les coins retirés des parcs. Découvrez les merveilles du paysage américain et son panorama plus grand que nature. Partez à la conquête de ces terres mythiques.

Le lac Powell

Le puissant fleuve Colorado

Le fleuve Colorado prend sa source à environ 80 km au nord de Denver, où il ne s'agit que d'un mince filet de neige fondue des Rocheuses, et se jette, 2 160 km plus loin, dans le golfe de Californie. Il donne vie, le long de son parcours, au désert autrement complètement aride de l'ouest de l'Arizona. Dans cette région, qui ne reçoit même pas 180 mm de pluie par année, on peut dire qu'il s'agit d'un véritable miracle de la nature, et sans nul doute de la ressource la plus précieuse qui soit.

Antelope Canyon

Itinéraire

Jour 1

Las Vegas

Visitez les hôtels-casinos sur le *Strip*. Arrêtez-vous devant le Bellagio pour voir le spectacle de ses fontaines au rythme de la musique, devant le volcan du Mirage et assistez à l'affrontement des bateaux de pirates devant le Treasure Island. Promenez-vous dans la rue couverte qu'est Fremont Street pour apprécier l'ambiance du Downtown Area.

Jour 2

Las Vegas – Grand Canyon 459 km

Faites un arrêt au spectaculaire barrage Hoover, visitez le musée qui en relate l'histoire et empruntez l'ascenseur creusé dans la roche. Poursuivez ensuite votre route vers le Grand Canyon, la plus grandiose des merveilles de la nature. Il est possible de conduire, prendre une navette gratuite ou encore marcher entre les différents points d'observation du parc.

Jour 3

Grand Canyon – Lac Powell 216 km

Visitez le quartier historique de Grand Canyon Village et arrêtez-vous au Train Depot. Prenez le temps d'apprécier le majestueux Grand Canyon ainsi que le fleuve Colorado tout en vous dirigeant vers le lac Powell. Faites un arrêt à la Desert View Watchtower, réplique d'une tour amérindienne construite au début du XXe siècle.

Jour 4

Excursion à Antelope Canyon 55 km

En route vers le lac Powell, arrêtez-vous à l'Antelope Canyon, l'un des endroits les plus photographiés des États-Unis. Le canyon est seulement accessible lors d'une visite guidée, à cause des risques d'inondation. À votre retour au lac Powell, faites la croisière qui conduit jusqu'au Rainbow Bridge, l'arche naturelle la plus haute du monde, et devenue l'attraction la plus populaire de la région.

Jour 5

Lac Powell – Monument Valley 200 km

Poursuivez votre route vers Monument Valley, situé à la frontière entre l'Arizona et

Moab

Capitol Reef

Bryce Canyon

Votre guide : **Alain Scherer** (voir p. 201)

Ses coups de cœur :
Le Bryce Canyon et Monument Valley

Site d'une beauté surnaturelle, le Bryce Canyon vous transporte dans un autre univers, tant par sa couleur, qu'on ne peut réellement décrire, que par son décor façonné par le vent. Et on ne cesse de le contempler en empruntant les divers sentiers pédestres. Et pour voir les traces des fameux westerns, il ne faut pas hésiter à aller faire un tour en 4x4 dans Monument Valley, pour peut-être apercevoir l'ombre d'une *star*…

le Nouveau-Mexique, et qui a été un lieu de tournage de nombreux westerns. Faites une excursion en 4x4 avec un chauffeur-guide navajo dans cette plaine désertique hérissée de monolithes de grès rouge.

Jour 6

Monument Valley – Moab 290 km

Un court détour vous conduit dans un endroit peu fréquenté: Natural Bridges. La route panoramique, dénommée Bridge View Drive, et un sentier pédestre de 15 km permettent d'admirer les trois ponts naturels qui sont à l'origine du nom de ce « monument national » situé en Utah. Poursuivez jusqu'à Moab, qui se trouve à proximité des parcs nationaux des Arches et de Canyonlands.

Jour 7

Moab

En explorant le parc national des Arches, vous verrez la plus grande concentration d'arches naturelles aux États-Unis. Découvrez leurs différents noms, mais aussi les dunes pétrifiées. En après-midi, visitez le parc national de Canyonlands, où vous aurez une vue imprenable sur le fleuve Colorado. Admirez les pétroglyphes laissés par les Amérindiens, découvrez la Mesa Arch et faites une randonnée pour observer le panorama spectaculaire du parc.

Jour 8

Moab – Capitol Reef
225 km

Le parc national Capitol Reef, au cœur de l'Utah, doit son nom à l'énorme promon-

Monument Valley

toire de quelque 150 km de long qui le traverse, dont le sommet de grès blanc rappelle le Capitole des États-Unis à Washington. Découvrez le parc avec son désert, ses canyons, ses arches et autres formations rocheuses.

Jour 9

Capitol Reef – Bryce Canyon 192 km

Toujours en Utah, dans le parc national Bryce Canyon, vous pourrez facilement conduire d'un poste d'observation à l'autre, marcher le long du promontoire ou suivre les différents sentiers qui contournent les magnifiques formations rocheuses colorées. Admirez les *hoodoos*, ou cheminées des fées, qui sont à l'origine de nombreuses légendes dans la région.

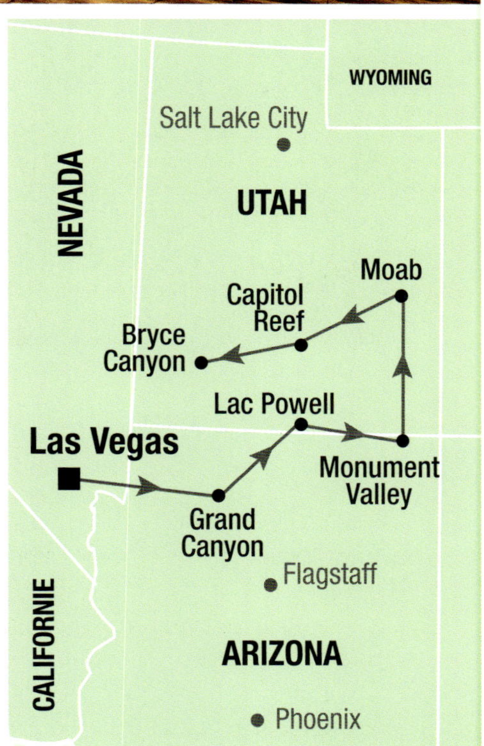

L'Utah à la carte

Superficie : 212 816 km²

Population : 2,8 millions

Densité : 13,2 hab./km²

Capitale : Salt Lake City

Villes importantes : Salt Lake City (189 300 hab.), West Valley City (132 400 hab.)

Un plat : Les *funeral potatoes*, un mets cuit au four constitué de pommes de terre en cubes, de fromage, de crème sure, de crème de poulet et de flocons de maïs.

Quelques airs à écouter sur la route : *Who Will Save Your Soul*, de Jewel ; *A Little Bit Country, A Little Bit Rock 'N' Roll*, de Donny and Marie Osmond.

37

La route Going-to-the-Sun

▶ **6 jours**

▶ **De Salt Lake City à Waterton**

Pour qui ? Pourquoi ?

Pour les amoureux de la nature et ses merveilles.

Inoubliable…

- *Assister à l'explosion de l'Old Faithful, dans le parc national de Yellowstone.*
- *Apercevoir des bisons en liberté, cet animal en voie d'extinction.*
- *Se promener sur la route panoramique Going-to-the-Sun.*

Les Rocheuses américaines

Salt Lake City est un paradis pour les skieurs et les amoureux de la nature. Découvrez cette ville bâtie autour d'un temple mormon et située à l'ombre des Rocheuses. Visitez quelques parcs nationaux des États-Unis où vous verrez des geysers, un phénomène naturel peu commun mais très saisissant. Terminez votre périple avec une aventure dans le parc national des Glaciers, l'un des écosystèmes les mieux préservés des États-Unis, avec ses montagnes, ses chutes d'eau, ses glaciers, ses formations rocheuses et ses nombreux lacs.

Le Grand Lac Salé

Des bisons dans le National Bison Range

Temple Square, à Salt Lake City

Itinéraire

Jour 1

Salt Lake City

Visitez la capitale de l'Utah, fondée par les mormons en 1847, devenue aujourd'hui la capitale mondiale mormone. Visitez Temple Square, le Tabernacle et le Capitole. Offrez-vous une excursion vers le nord au Grand Lac Salé, pour aller voir la « mer Morte américaine ».

Jour 2

Salt Lake City – Jackson

449 km

Départ pour le parc national Grand Teton, au Wyoming, célèbre pour sa faune sauvage et ses paysages montagneux. Faites un arrêt à la Chapel of Transfiguration, une petite chapelle de bois rond construite en 1925, qui est toujours en fonction aujourd'hui. Rendez-vous aussi au lac Jenny pour une promenade.

Les loups de Yellowstone

Après avoir été mis en liberté dans le Yellowstone National Park en mars 1995, 14 loups gris du Canada formèrent la première bande de cet écosystème depuis que l'espèce connut l'extinction dans les années 1930. Autrefois perçus comme d'abominables carnivores, les loups étaient alors devenus une espèce menacée de disparition considérée comme vitale à l'équilibre écologique. Davantage de loups furent ainsi relâchés en 1996 et en 1997.

Une dizaine d'années plus tard, on dénombrait 171 loups répartis en 11 bandes sur tout le territoire du parc. Désormais fort populaires, les loups de Yellowstone sont maintenant la proie des photographes qui malheureusement n'hésitent pas à s'approcher de trop près pour les croquer sur le vif.

Le parc national Grand Teton

Le parc national des Lacs-Waterton

Un wapiti

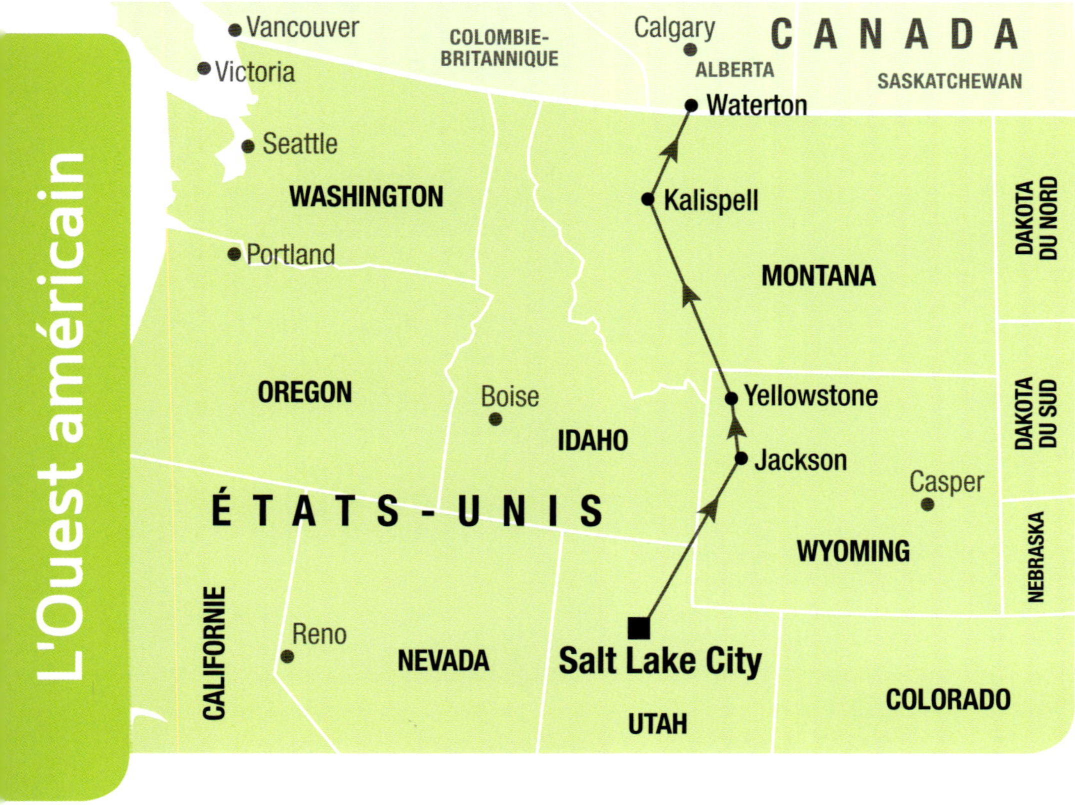

Jour 3

Jackson – Yellowstone

205 km

Consacrez votre journée à la visite du parc national de Yellowstone, dans le Wyoming, qui abrite le plus grand bassin thermal au monde. Découvrez les beautés du premier parc national américain. Laissez-vous émerveiller par les bassins et les jets d'eau bouillante jaillissant des rochers.

Jour 4

Yellowstone – Kalispell

594 km

Circulez à travers la réserve faunique qu'est le National Bison Range pour voir l'un des plus grands troupeaux de bisons

Le geyser Old Faithful

au monde, ainsi que des wapitis, avant de longer le lac Flathead, au Montana.

Jour 5
Kalispell – Waterton
247 km

Traversez le parc national de Glacier, qui compte environ 25 glaciers. Empruntez la route étroite et sinueuse appelée Going-to-the-Sun, en compagnie d'un guide local pour découvrir les endroits les plus spectaculaires. Continuez votre route vers Waterton.

Jour 6
Waterton

Aujourd'hui, terminez votre périple par une croisière et l'exploration du parc national des Lacs-Waterton, situé à la frontière canado-américaine.

Le Montana à la carte

Superficie: 381 154 km²

Population: 1 005 000 habitants

Densité: 2,6 hab./km²

Capitale: Helena

Ville importante: Billings (106 000 hab.)

Un plat: La *huckleberry pie,* une tarte faite de petits bleuets (myrtilles) sauvages du Montana.

Quelques airs à écouter sur la route: *Wild Montana Skies,* de John Denver; *Moving to Montana,* de Frank Zappa; *Montana Cowgirl,* d'Emmylou Harris.

Le Wyoming à la carte

Superficie: 253 340 km²

Population: 576 000 habitants

Densité: 2,3 hab./km²

Capitale: Cheyenne

Villes importantes: Cheyenne (61 500 hab.), Casper (57 800 hab.)

Un plat: Les *Rocky Mountain oysters,* qui ne sont pas des huîtres mais des testicules de taureau frits...

Quelques airs à écouter sur la route: *Song of Wyoming,* de John Denver; *Western Skies,* de Chris LeDoux.

▶ **Quand y aller ?**
En juillet, lors des Cheyenne Frontier Days.

▶ **9 jours**

▶ **De Jackson à Grand Junction**

Pour qui ? Pourquoi ?

Pour les voyageurs qui veulent revivre la conquête de l'Ouest et découvrir des paysages montagneux intacts et de vastes forêts à l'état sauvage.

Inoubliable…

- *Admirer les couleurs spectaculaires de la source chaude de la Morning Glory Pool, située dans le parc national de Yellowstone.*
- *Marcher dans les pas de légendes de l'Ouest comme Buffalo Bill, Calamity Jane et Wild Bill Hickok.*
- *Assister, en juillet, aux Cheyenne Frontier Days, l'un des plus grands festivals annuels de rodéo aux États-Unis.*

L'Ouest sauvage

La beauté est dans l'œil du spectateur, mais il est difficile de ne pas rester bouche bée devant tant de splendeur. L'Ouest américain est une terre d'une variété infinie, offrant quelque chose pour tous. Vivez l'aventure en plein air, apprenez tout sur l'histoire du Far West et la culture amérindienne, mais surtout admirez la faune sauvage abondante. Visitez la jeune et dynamique ville de Denver, située au cœur des Rocheuses. Retournez à l'époque de la conquête de l'Ouest, des cowboys et des hors-la-loi en découvrant Cheyenne et Deadwood. Laissez-vous envahir par l'Ouest sauvage !

La Devils Tower

Le mont Rushmore

Itinéraire

Jour 1

Jackson – West Yellowstone 194 km

Partez de Jackson, au Wyoming, la porte d'entrée du parc national Grand Teton. Admirez ses paysages montagneux et sa faune sauvage abondante.

Jour 2

West Yellowstone – Cody 236 km

Continuez votre visite des parcs nationaux en explorant celui de Yellowstone, le plus ancien du monde, célèbre pour ses geysers, ses sources chaudes, ses canyons et ses troupeaux de bisons. Poursuivez ensuite jusqu'à Cody, la ville fondée par le célèbre « Buffalo Bill » Cody, où vous verrez le Buffalo Bill Historical Center et l'Old Trail Town.

Jour 3

Cody – Deadwood 574 km

Faites halte au premier « monument national » des États-Unis, la Devils Tower, un monolithe situé entre les villes de Hullett et Sundance. Dormez à Deadwood, dans le Dakota du Sud, seule ville classée au patrimoine national américain. Visitez son quartier historique et son cimetière, où Calamity Jane et Wild Bill Hickok ont été enterrés.

Jour 4

Deadwood – Rapid City 329 km

Visitez le parc national Badlands, qui renferme la plus forte concentration de fossiles de la période oligocène. Parcourez le parc et son paysage lunaire sur le Fossil Exhibit Trail et découvrez pourquoi les explorateurs français avaient nommé cette région « les mauvaises terres ».

Jour 5

Rapid City – Cheyenne 513 km

Arrêtez-vous au monument commémoratif inachevé de Crazy Horse, un grand chef amérindien allié de Sitting Bull, situé

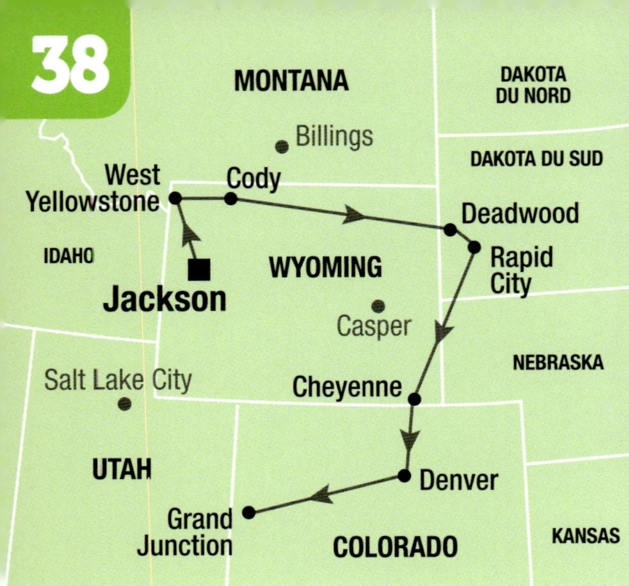

Rodéo aux Cheyenne Frontier Days

Le Denver Art Museum

Aspen

Le Colorado, paradis des skieurs et des planchistes

Arapahoe Basin, Aspen, Beaver Creek, Breckenridge, Copper Mountain, Crested Butte, Keystone, Snowmass, Steamboat, Telluride, Vail, Winter Park... Bref, les grands amateurs de ski ou de planche à neige ont sûrement déjà entendu au moins l'un de ces noms: ce sont les plus importantes stations de sports d'hiver du Colorado, dont la moitié de l'État se trouve dans les montagnes Rocheuses. Renommées pour les panoramas qu'elles offrent à leur clientèle, les stations de ski des Rocheuses ont des conditions d'enneigement exceptionnelles, sans oublier leurs complexes hôteliers où la vie nocturne est animée. Vail et Aspen demeurent cependant les stations les plus populaires.

à proximité de Rapid City. Visitez ensuite le monument commémoratif du mont Rushmore, qui représente quatre des plus grands présidents des États-Unis (George Washington, Thomas Jefferson, Theodore Roosevelt, Abraham Lincoln). Puis, rendez-vous au site historique national de Fort Laramie, un poste de traite qui fut converti en avant-poste militaire. Arrivée en fin de journée à Cheyenne, la capitale du Wyoming.

Jour 6

Cheyenne – Denver

262 km

Cherchez les bottes de cowboys de 2,4 m de haut qui se trouvent éparpillées dans la ville de Cheyenne, puis faites route vers Denver, la plus grande ville du Colorado. En chemin, partez en randonnée à pied ou en voiture dans le parc national Rocky Mountain.

Jour 7

Denver

Arpentez les rues du centre-ville de la capitale du Colorado. Visitez le State Capitol, le Denver Art Museum et le US Mint, qui produit les pièces de monnaie américaines. Découvrez l'histoire de Buffalo Bill, l'un des cowboys les plus connus de l'histoire des États-Unis, au musée qui lui a été dédié. Visitez le Littleton Historical Museum, pour connaître la vie des pionniers du XIXe siècle. Terminez votre journée au Larimer Square ou dans le LoDo Historic District.

Jour 8

Denver – Grand Junction **403 km**

Départ à destination de Grand Junction, en passant par Copper Mountain et Vail, où certaines scènes du film *Thelma et Louise*

La Morning Glory Pool

ont été tournées. Découvrez cette ville, son paysage rocheux, ses vignobles, ses terrains de golf, ses galeries d'art et son centre-ville historique.

Jour 9

Grand Junction

Situé au sud de Grand Junction, le monument national du Colorado, avec ses formations rocheuses multicolores, ressemble au Grand Canyon. Admirez, du haut de l'une d'entre elles, la vue panoramique sur le plateau du Colorado. Faites une randonnée, de l'équitation, du vélo ou encore promenez-vous en voiture dans ce parc.

Le Colorado à la carte

Superficie : 268 658 km²

Population : 5,1 millions

Densité : 19 hab./km²

Capitale : Denver

Villes importantes :
Denver (630 000 hab.),
Colorado Springs (431 000 hab.),
Aurora (339 000 hab.)

Un plat : Le *Colorado green chili*, composé de porc, de *tomatillos* (petites tomates vertes), d'oignons et de piments verts.

Quelques airs à écouter sur la route : *Rocky Mountain Way*, de Joe Walsh ; *Telluride*, de Tim McGraw ; *Rocky Mountain High*, de John Denver ; *Good Life*, de OneRepublic.

Le Dakota du Sud à la carte

Superficie : 200 000 km²

Population : 814 000 habitants

Densité : 4,1 hab./km²

Capitale : Pierre

Villes importantes :
Sioux Falls (124 000 hab.),
Rapid City (59 600 hab.),
Aberdeen (24 660 hab.)

Un plat : Le *chislic*, composé de cubes de mouton ou d'autres viandes rouges, frits et assaisonnés, piqués de cure-dents.

Quelques airs à écouter sur la route : *Sunny Came Home*, de Shawn Colvin ; *South Dakota Morning*, des Bee Gees ; *I Gotta Gal I Love in North and South Dakota*, de Frank Sinatra.

▶ Quand y aller ?
À cause de son climat désertique, il est préférable de s'y rendre au printemps et à l'automne. L'été, la température peut avoisiner les 40°C sans humidité.

▶ 4 jours

▶ Séjour à Las Vegas

Pour qui ? Pourquoi ?

Pour une escapade inoubliable dans la « ville du péché »… ou tout simplement pour un séjour dans une ville colorée à l'animation incessante.

Inoubliable…

- *Assister à un spectacle à grand déploiement dans l'un des nombreux hôtels-casinos.*
- *Survoler la ville en hélicoptère.*
- *Admirer les splendeurs du Grand Canyon.*

Escapade à Las Vegas

Ville de démesure, Las Vegas est bien connue pour ses casinos, ses spectacles grandioses, ses boutiques de luxe et ses mariages célébrés par des sosies d'Elvis. Las Vegas se dresse dans le désert du Nevada telle une oasis, pour offrir à ses visiteurs la chance de gagner ou de regagner leur fortune. Découvrez le Downtown Area avec son attraction lumineuse dans la rue Fremont, ses vieux hôtels et son ambiance qui rappelle le Las Vegas d'autrefois. Arpentez le *Strip* et sa succession d'hôtels-casinos ultrachics et excentriques.

Une chapelle pour mariages-minute

Bienvenue sur le *Strip*

Votre guide : **Bruno Lecot** (voir p. 201)

Son coup de cœur :

Les hôtels exubérants

Las Vegas est tout simplement grandiose. Quand on se trouve dans cette ville, on ne peut faire autrement que de marcher d'hôtel en hôtel afin de tous les découvrir. Certains semblent d'une autre époque et d'autres paraissent ultramodernes. Entrer dans les hôtels, c'est entrer dans un autre monde. La tour Eiffel, les promenades en gondole, les pyramides et la statue de la Liberté se donnent rendez-vous ici pour vous en mettre plein la vue.

Paris Las Vegas

Itinéraire

Jour 1

Le *Strip*

Découvrez les hôtels-casinos et leurs thématiques, situés sur le boulevard Las Vegas, communément appelé le *Strip*. Arrêtez-vous devant le Bellagio afin de voir le spectacle de ses fontaines au rythme de la musique. En soirée, ne manquez pas l'éruption du volcan du Mirage et l'affrontement des bateaux de pirates devant le Treasure Island.

Jour 2

Le Downtown Area

Continuez votre exploration de Las Vegas dans le Downtown Area. Promenez-vous dans la rue couverte qu'est Fremont Street. Pour les plus aventuriers, arrêtez-vous pour essayer l'un des manèges au sommet de la Stratosphere Tower, dont le Skyjump, un saut retenu par un câble du haut du 108e étage. En soirée, assistez à l'un des nombreux spectacles offerts dans les casinos.

Sin City

Ce sobriquet, qui signifie « ville du péché », a été attribué à Las Vegas dans les années 1950, alors que la mafia s'était infiltrée dans les casinos, que l'alcool était offert gracieusement aux gros joueurs et que la prostitution était pratiquée sans gêne.

Jours 3 et 4

Excursions dans les parcs nationaux

Plusieurs parcs nationaux se trouvent à proximité de la ville de Las Vegas, dont le Grand Canyon, l'aire de conservation de Red Rock Canyon, ou encore le parc national de Zion. Faites une excursion dans la Vallée de Feu, ce parc aux couleurs flamboyantes, et découvrez-y des arbres pétrifiés et des pétroglyphes. En après-midi, rendez-vous au lac Mead, l'un des plus grands lacs artificiels des États-Unis, pour y faire un tour de bateau, ou encore visitez le barrage Hoover.

Taos

▶ Quand y aller ?
En octobre, pour le festival des montgolfières d'Albuquerque et pour la température agréable.

▶ 10 jours

▶ De Tucson à Phoenix

Pour qui ? Pourquoi ?

Voici un itinéraire qui passionnera à la fois les amateurs de beaux paysages, d'histoire, de légendes et d'aventures.

Inoubliable…

- *Admirer le coucher du soleil à Monument Valley.*
- *Prendre un verre dans un* saloon *de Tombstone.*
- *Participer au festival des montgolfières d'Albuquerque en octobre, pour voir l'envolée de plus de 600 montgolfières multicolores.*

L'Arizona et le Nouveau-Mexique

Paysages de déserts, de plaines, de montagnes et de canyons, l'Arizona et le Nouveau-Mexique ne cesseront de vous impressionner. Découvrez leurs parcs et autres merveilles naturelles et apprenez-en plus sur les premiers habitants en visitant leurs villages. Laissez-vous émerveiller par les grands espaces inhabités, les formations rocheuses extraordinaires, sans oublier le peuple dont la culture est un mélange d'influences amérindiennes, mexicaines et espagnoles.

Le festival des montgolfières d'Albuquerque

Artisanat du Nouveau-Mexique

La forêt pétrifiée

Le Petrified Forest National Park se trouve dans le multicolore Painted Desert et recèle la plus abondante et étonnante collection de pétroglyphes anasazis dans le Sud-Ouest américain, les archéologues estimant que le peuple anasazi a vécu dans la région pendant plus de 10 000 ans. Mais l'atout le plus marquant de ce pan de territoire demeure son bois pétrifié. On trouve certes du bois de ce genre dans la plupart des autres États américains, mais les spécimens de ce parc unique auraient quelque 220 millions d'années et il est rare qu'on en trouve une aussi grande concentration au même endroit.

Itinéraire

Jour 1

Tucson

Visitez la ville de Tucson et ses environs, pour voir l'université, le quartier historique, le Musée du désert et le Musée de l'aviation et de l'espace. Visitez les Old Tucson Studios, où des dizaines de westerns ont été tournés. Regardez le coucher de soleil au Gates Pass en passant par la route panoramique située à l'ouest de la ville.

Jour 2

Tucson – Tombstone

112 km

En quittant Tucson, vous verrez la Mission San Xavier del Bac, considérée comme l'un des plus beaux exemples d'architecture Mission aux États-Unis. Continuez vers Bisbee, où vous pourrez explorer une mine de cuivre et vous balader dans les agréables Main Street et Brewery Gulch. Rejoignez ensuite Tombstone pour revivre l'époque décrite dans les westerns, avec ses rues authentiques, ses *saloons* et ses reconstitutions de duels célèbres qui y ont eu lieu.

Jour 3

Tombstone – Gallup

658 km

Traversez la réserve amérindienne de San Carlos et le Salt River Canyon. Vous vous retrouverez dans un paysage lunaire de la forêt pétrifiée qui se trouve au cœur du Painted Desert. Arrivée ensuite à Gallup, au Nouveau-Mexique, une étape importante de l'ancienne Route 66.

Jour 4

Gallup – Albuquerque

225 km

En route vers Albuquerque, vous serez charmé par l'Acoma Pueblo, l'un des

Les trottoirs de Santa Fe

Femme navajo à Monument Valley

plus anciens villages amérindiens encore habités. Appréciez les missions San José et San Agustín de Isleta. Découvrez la culture amérindienne et hispanique d'Albuquerque, l'une des villes à plus haute altitude des États-Unis.

Jour 5

Albuquerque – Santa Fe – Taos 208 km

Rendez-vous à Santa Fe, la plus vieille capitale des États-Unis. Visitez cette ville culturelle avec ses nombreux musées, son centre-ville historique et ses bâtiments construits au XVIIe siècle. Continuez votre route vers Taos en longeant le Rio Grande.

Jour 6

Taos – Cortez 394 km

Le *pueblo* de Taos mérite qu'on lui consacre quelque temps, pour ses constructions en adobe, un mélange de terre et de paille, et sa *plaza*. Allez à la rencontre du peuple qui habite ce *pueblo* depuis plus de 1 000 ans, encore aujourd'hui sans eau courante ni électricité. Quittez le Nouveau-Mexique en direction du Colorado pour visiter le parc national de Mesa Verde, le plus grand site archéologique protégé des États-Unis, avec ses habitations troglodytiques.

Jour 7

Cortez – Kayenta 190 km

Retour en Arizona, en direction de la ville de Kayenta. Rendez-vous à Monument Valley, un parc tribal de la nation navajo. Faites le tour du parc, en voiture ou à cheval, avec un guide navajo, pour connaître le nom des formations rocheuses et vous rendre dans des endroits réservés aux visites accompagnées.

Jour 8

Kayenta – Page 160 km

En route vers Page et le lac Powell, arrêtez-vous à l'Antelope Canyon, un des endroits les plus photographiés des États-Unis. Le canyon est seulement accessible en visite guidée, à cause des risques d'inondation. À votre arrivée au lac Powell, faites une croisière pour aller voir le Rainbow Bridge, un pont naturel uniquement accessible par bateau. Réservez votre place à bord dans la ville de Page.

Phoenix

Jour 9

Page – Phoenix 438 km

En route vers la ville de Phoenix, faites un arrêt au Montezuma Castle, situé à proximité de Flagstaff. Visitez les habitations et son château bâtis et sculptés à flanc de montagne, inhabités depuis maintenant quelques centaines d'années.

Jour 10

Phoenix

Visitez Phoenix, la capitale de l'Arizona, située au cœur du désert, où il ne pleut presque jamais. Ne manquez pas l'Arizona Science Center, le musée d'histoire, le musée d'art, le musée Heard et le Tovrea Castle, qui rappelle un gâteau de mariage étagé.

L'Arizona à la carte

Superficie : 295 254 km^2

Population : 6,5 millions

Densité : 22 hab./km^2

Capitale : Phoenix

Villes importantes :
Phoenix (1 480 000 hab.),
Tucson (520 000 hab.),
Mesa (452 000 hab.)

Un plat : Un *chimichanga* de porc, sorte de *burrito* frit.

Quelques airs à écouter sur la route : *Edge of Seventeen,* de Stevie Nicks ; *School's Out,* d'Alice Cooper ; *When Will I Be Loved,* de Linda Ronstadt.

Le Nouveau-Mexique à la carte

Superficie : 314 334 km^2

Population : 2 millions

Densité : 6,4 hab./km^2

Capitale : Santa Fe

Villes importantes :
Albuquerque (555 000 hab.),
Las Cruces (101 000 hab.),
Rio Rancho (87 500 hab.),
Santa Fe (69 000 hab.)

Un plat : Le Green Chile Cheeseburger, épicé à souhait.

Quelques airs à écouter sur la route : *Fly Away,* de John Denver et Olivia Newton-John ; *New Mexico,* de Johnny Cash ; *Under New Mexico Skies,* de Syd Masters.

▶ ***Quand y aller ?***
En septembre, lorsque la température est à son meilleur et que les touristes sont moins présents.

Maisons victoriennes à San Francisco

▶ **8 jours**

▶ **De San Francisco à Virginia City**

Pour qui ? Pourquoi ?

Pour ceux qui désirent découvrir les vins de la Californie, sans négliger la visite de quelques attractions classiques de la région.

Inoubliable...

- *Sentir l'atmosphère de la prison d'Alcatraz, en fin de journée, lorsque l'île est presque vide de touristes.*
- *Survoler la vallée de Napa en montgolfière.*
- *Découvrir les* houseboats *de Sausalito.*
- *Visiter une ancienne mine d'or.*

San Francisco et les vignobles californiens

Les mots manquent pour rendre justice aux paysages et à la beauté de la région couverte par cet itinéraire. Le circuit vous convie d'abord à parcourir les rues de la belle San Francisco à pied ou en *cable car*, afin de vraiment apprécier l'ambiance de la ville. Puis, il vous conduit à la découverte des vignobles des vallées de Sonoma et de Napa, avant de vous laisser bouche bée devant le sublime décor du lac Tahoe et de la chaîne de montagnes de la Sierra Nevada. Et, au passage, vous apprécierez les haltes dans les charmantes villes de Sausalito, Sacramento et Virginia City.

La vallée de Sonoma

La Coit Tower

Lillie Hitchcock Coit

Née en 1843, Lillie Hitchcock Coit avait huit ans en 1851 lorsqu'elle fut sauvée des flammes par les pompiers. Peu après, elle devint la mascotte attitrée des sapeurs de la caserne. Costumée en pompier, elle allait jusqu'à courir derrière les camions de pompiers lorsqu'ils répondaient à un appel d'urgence. Devenue adulte, et appartenant à la haute société, elle fit don d'une tour aux pompiers de la ville, la Coit Tower, en forme de borne d'incendie. Lorsqu'elle mourut, à l'âge de 82 ans, bon nombre de pompiers des casernes de San Francisco assistèrent à ses funérailles.

La serre des fleurs du Golden Gate Park

Itinéraire

Jour 1

San Francisco

Cette métropole, aujourd'hui de renommée mondiale, fut fondée en 1776 et prit réellement son essor lors de la ruée vers l'or californienne. Puis, bien plus tard, elle devint le berceau du *jeans* avec la fondation de Levi Strauss & Co. Troisième destination touristique des États-Unis, San Francisco est célèbre pour le Golden Gate, l'île d'Alcatraz et son ancienne prison, le Fisherman's Wharf, la Transamerica Pyramid, la Coit Tower, ses maisons victoriennes, ses *cable cars*, ainsi que pour ses rues pentues. La ville représente un foyer culturel, économique et touristique majeur aux États-Unis et accueille chaque année plusieurs événements d'ampleur mondiale, mais vibre également au rythme des festivités animées par les différentes communautés locales.

Jour 2

San Francisco – Alcatraz

Aujourd'hui, partez en excursion à Alcatraz, cette île située au milieu de la baie de San Francisco qui a eu plusieurs vocations : refuge amérindien, forteresse servant à protéger la baie et enfin célèbre prison. De 1933 à 1963, la prison d'Alcatraz accueillit de nombreux prisonniers dont Al Capone, Robert Stroud, surnommé *the Birdman of Alcatraz*, et Frank Morris, qui ne fut jamais retrouvé après sa fameuse évasion de l'île en 1962. Il est préférable de réserver cette visite.

Jour 3

San Francisco – Golden Gate Park

Profitez de la journée pour visiter le Golden Gate Park, ce parc public dont la superficie est plus grande que celle du Central Park de New York et qui fut créé en 1860 à la demande des San-Franciscains. Ces derniers voulaient pour leur ville un jardin public qui pourrait rivaliser avec celui de New York. Faites un premier arrêt à la serre des fleurs : elle abrite près de 2 000 espèces de plantes dans cinq salles à travers lesquelles vous découvrirez une oasis de paix. En après-midi, visitez le musée d'art De Young, qui possède entre autres des collections provenant de l'Amérique (Méso-Amérique, Amérique du Sud), de l'Afrique (Nigeria, Zaïre) et de

Le lac Tahoe

Les *houseboats* de Sausalito

Votre guide : **Bruno Lecot** (voir p. 201)

Son coup de cœur :

La prison d'Alcatraz, au large de San Francisco

La ville de San Francisco est magnifique et il fait bon s'y promener à pied, même si les pentes des rues peuvent parfois sembler insurmontables ! J'aime prendre un *cable car* qui peut mener du Civic Center jusqu'au bord de l'eau, admirer l'architecture typique des maisons victoriennes et la tortueuse Lombard Street. Toutefois, mon coup de cœur absolu à San Francisco, c'est la prison d'Alcatraz. S'y promener, c'est faire un retour dans le passé pour découvrir la vie des anciens prisonniers et des agents de correction qui les surveillaient (avec audioguide en français). De l'île, une magnifique vue s'ouvre sur la ville et, en prime, s'y rendre permet de s'offrir une mini-croisière dans la baie de San Francisco.

l'océan Pacifique (Papouasie-Nouvelle-Guinée, Nouvelle-Zélande).

Jour 4

San Francisco – Napa

76 km

Partez à la découverte de la vallée de Napa. En chemin, faites un arrêt à Sausalito. Cette ville, développée autour de la construction de navires pendant la Seconde Guerre mondiale, est devenue depuis une communauté bourgeoise accueillant de nombreux artistes. Ici, près de 400 familles vivent dans des *houseboats*, dont l'origine remonte à la fin de la Seconde Guerre mondiale, quand la marine abandonna ses navires en construction. Les habitants en récupéraient alors les morceaux afin de construire eux-mêmes leurs habitations flottantes. Continuez jusqu'aux Muir Woods pour faire une promenade au milieu des arbres géants centenaires. Située à quelques kilomètres au nord de San Francisco, cette forêt de séquoias fut déclarée « monument national » par le président Theodore Roosevelt en 1908.

Jours 5 et 6

Vallées de Sonoma et de Napa **44 km**

Profitez de ces journées pour visiter des vignobles et les autres attraits agrotouristiques de la région. Faites un tour de

Un vignoble de la vallée de Napa

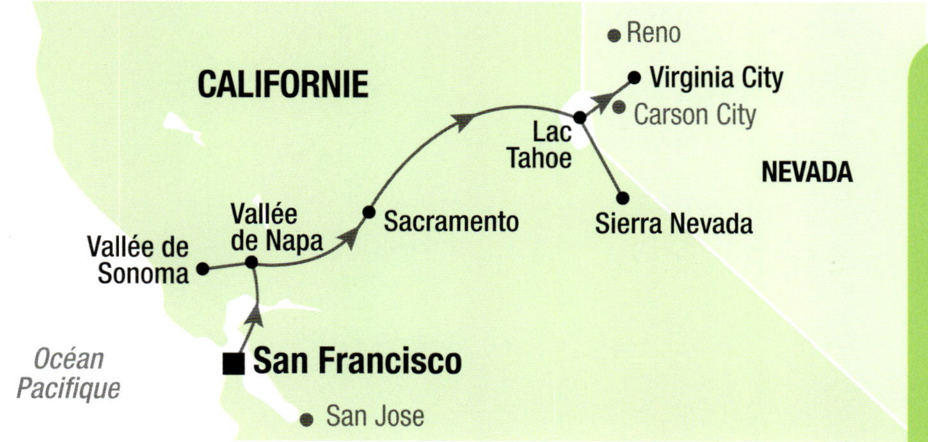

montgolfière pour admirer la région du haut des airs, jouez une partie de golf sur l'un des nombreux terrains ou promenez-vous de vignoble en vignoble à vélo.

Jour 7

Napa – Sacramento – Lac Tahoe 286 km

Continuez vers le lac Tahoe. En chemin, faites un arrêt à Sacramento, la capitale de la Californie. Voilà un endroit où il fait bon vivre et un incontournable de la région avec ses maisons victoriennes et ses différents musées. Arrivée au lac Tahoe, où vous aurez le loisir d'admirer l'un des lacs les plus profonds au monde.

Jour 8

Sierra Nevada et excursion à Virginia City 260 km

Remontez dans le temps en vous offrant une excursion jusqu'à la ville historique de Virginia City, située dans l'État du Nevada, tout juste au pied de la Sierra Nevada. Vous pourrez voir les maisons victoriennes, la maison d'opéra et le *Red Light*. Promenez-vous sur d'authentiques trottoirs de bois et entrez dans les *saloons* qui vous rappelleront l'*Old West*. Terminez votre visite de la ville par l'exploration de l'ancienne mine d'or Ponderosa.

▶ **Quand y aller?**
En septembre, pour éviter la cohue touristique et pour profiter de la température agréable.

Le long de la Pacific Coast Highway

▶ **10 jours**

▶ **De San Francisco à San Diego**

Pour qui ? Pourquoi ?

Pour les amateurs de vin, d'architecture, de paysages spectaculaires et de cinéma.

Inoubliable...

- *Rouler sur la Pacific Coast Highway (route 1), l'une des plus belles routes panoramiques du monde.*
- *Flâner dans les boutiques de Rodeo Drive à Beverly Hills, aux côtés du jet-set américain.*
- *Découvrir toutes les richesses artistiques du Getty Center à Los Angeles.*
- *Visiter le très beau zoo de San Diego.*

La côte californienne

Profitez de ce voyage pour vous imprégner de la culture californienne avec ses célèbres plages, sa gastronomie et ses villes à faire rêver... San Francisco et ses icônes: le Golden Gate Bridge, les *Painted Ladies* et les *cable cars*; Monterey et sa Cannery Row, rendue célèbre par le roman de John Steinbeck; Los Angeles, capitale du cinéma américain, avec ses plages, ses boutiques de luxe et son célèbre Sunset Boulevard; finalement San Diego, avec ses plages et son parc Balboa, qui abrite plusieurs musées et un zoo reconnu internationalement.

Votre guide : **Bruno Lecot** (voir p. 201)

Son coup de cœur :
Le 17-Mile Drive et Pebble Beach

Il est difficile de faire ressortir un seul coup de cœur lorsqu'on se promène sur la côte californienne. Il y a tant de belles villes à explorer, comme San Francisco, San Diego et Los Angeles. Mon coup de cœur, c'est le 17-Mile Drive, qui relie Pacific Grove et Pebble Beach, sur la péninsule de Monterey : c'est l'une des plus belles routes sur lesquelles je me suis baladé. Avec ses plages, ses maisons de multimillionnaires et ses multiples terrains de golf, cette route est un merveilleux endroit où on ne cesse de s'arrêter pour prendre en photo les paysages.

Un colibri

Des phoques au Pier 39, à San Francisco

Itinéraire

Jour 1
San Francisco

Découvrez cette ville de renommée mondiale en visitant le plus important quartier chinois des États-Unis, le quartier financier, la cathédrale St. Mary's, les collines Twin Peaks, le parc du Golden Gate, sans oublier la prison d'Alcatraz. Explorez ensuite les boutiques du Fisherman's Wharf et parcourez la ville à bord d'un *cable car*.

Jour 2
Excursion dans les vignobles **178 km**

Faites une excursion gustative dans les superbes régions vinicoles de Napa et Sonoma, renommées pour leurs vignes et la qualité de leurs vins. Sur le chemin du retour, arrêtez-vous à Sausalito pour arpenter ses rues, visiter ses galeries d'art et vous balader dans ses marinas. Ville à l'ambiance bohème, elle accueille de nombreux artistes, et quelque 400 familles vivent sur des *houseboats*. Sausalito offre également de superbes points de vue sur San Francisco et Alcatraz.

Jour 3
San Francisco – Monterey **189 km**

Visitez le parc du Golden Gate, dont la superficie dépasse celle du Central Park à New York. Vous y trouverez plusieurs attractions, comme la serre des fleurs, le musée d'art De Young, le Jardin botanique, le Centre des sciences, ainsi que plusieurs lacs. Prenez ensuite la route vers Monterey en empruntant la fameuse 17-Mile Drive, dotée d'un parcours panoramique parsemé de terrains de golf réputés, de superbes plages et de magnifiques résidences.

Jour 4
Monterey – San Simeon **150 km**

Empruntez la Pacific Coast Highway (route 1), l'une des plus belles routes des États-Unis, particulièrement dans sa portion s'étirant entre Carmel et San Simeon, pour admirer les vues escarpées sur le littoral californien. Puis, rendez-vous à San Simeon pour la visite du château Hearst, fabuleuse résidence de William Randolph Hearst, qui fut propriétaire d'un

La plage de Malibu

Le parc Balboa, à San Diego

Les cable cars

L'histoire raconte qu'après avoir été témoin d'un terrible accident impliquant un *streetcar*, l'ingénieur anglais Andrew Smith Hallidie inventa un système de transport urbain à base de câbles d'acier. Dès 1873, le premier *cable car* caracolait sur les collines de San Francisco. Les *cars* sont reliés à un système de moteur central par un câble glissant entre les rails. En 1947, les autorités de la ville voulurent remplacer les *cable cars*, jugés obsolètes, par des autobus plus modernes et plus efficaces. Les citoyens de San Francisco se mobilisèrent alors pour manifester leur désaccord. Déclarées patrimoine historique en 1964, ces reliques du passé ne dépassent guère les 15 km/h.

des plus vastes empires de la presse et des médias aux États-Unis.

Jour 5

San Simeon – Los Angeles 370 km

En chemin vers Los Angeles, arrêtez-vous à Solvang, une petite ville à l'atmosphère danoise, afin de parcourir ses rues bordées de restaurants et de boutiques. Rendez-vous ensuite à Santa Barbara, cette magnifique ville au cachet espagnol où vous pourrez visiter la Mission Santa Barbara, surnommée «la reine des missions», et découvrir ses superbes jardins. Longez ensuite la côte et partez à la découverte des célèbres plages de Malibu, de Santa Monica et de Venice, entre autres.

Jour 6

Los Angeles

Amorcez votre visite de Los Angeles dans son quartier historique d'El Pueblo, avec ses bâtiments du début du XIXe siècle. Puis, visitez Hollywood et sa célèbre «promenade des étoiles», où les noms de plus de 2 000 célébrités sont gravés, dont certains sont déjà oubliés et d'autres sont assez cocasses comme Godzilla ou encore Bugs Bunny! Finalement, dirigez-vous vers le Chinese Theatre, devant lequel vous pourrez voir les empreintes de plus de 200 vedettes.

Jour 7

Los Angeles

Aujourd'hui visitez les célèbres studios de Warner Bros., où tant de films ont été tournés et où de nombreuses célébrités se sont succédé depuis sa création en 1923. Des visites guidées permettent d'accéder à certains plateaux de tournage de films et de séries télévisées. Rendez-vous ensuite à Beverly Hills, pour jouer à la *star* et faire un

Vue sur Los Angeles depuis le mont Lee

peu de lèche-vitrine de luxe. Les amateurs d'art choisiront plutôt de se diriger vers le Getty Center, l'une des institutions muséales les plus somptueuses et les plus richement pourvues jamais construites.

Jour 8

Disneyland

Consacrez la journée à Disneyland, le parc d'attractions original imaginé par Walt Disney qui se trouve à Anaheim, juste au sud de Los Angeles.

Jour 9

Los Angeles – San Diego 195 km

Faites route vers San Diego. Une fois à destination, promenez-vous dans le parc Balboa, plus grand parc urbain des États-Unis, pour y découvrir différents jardins, le vieux carrousel, le théâtre IMAX, sans oublier le zoo de San Diego, mondialement connu. Faites un saut à la fort jolie Mission San Diego de Alcalá, puis terminez votre journée dans le quartier de Gaslamp, l'endroit par excellence pour se divertir grace à ses nombreux magasins et restaurants.

Jour 10

San Diego

Profitez des belles plages des environs de San Diego ou visitez le célèbre parc d'attractions SeaWorld afin d'assister aux spectacles mettant en vedette les immenses orques, les dauphins, les phoques et les otaries.

▸ **Quand y aller ?**
En mai, pour l'agréable température et pour éviter la cohue.

Le phare de Cape Arago, à Coos Bay

▸ **8 jours**

▸ **De Seattle à San Francisco**

Pour qui ? Pourquoi ?

Cet itinéraire propose une heureuse combinaison de parcs nationaux et de grandes villes côtières de l'Ouest américain.

Inoubliable…

- *Contempler le panorama depuis le sommet de la Space Needle, à Seattle.*
- *Se balader dans les jardins de roses de Portland.*
- *Parcourir l'Avenue of the Giants, à travers une forêt d'arbres gigantesques.*
- *Observer les lions de mer au Pier 39 de San Francisco.*

La côte du Pacifique

Parcourez la côte du Pacifique avec ce magnifique itinéraire qui vous fera découvrir certaines des plus importantes villes côtières de l'Ouest américain. Seattle, la « cité d'émeraude », est sise, telle Rome, sur sept collines. Portland, la ville des roses, est parsemée de jardins odorants aux couleurs multicolores. Quant à Eureka, elle se dresse avec ses maisons victoriennes comme le témoin d'une époque révolue. Votre périple se termine à San Francisco, l'une des villes les plus romantiques des États-Unis.

Le parc national Redwood

Seattle

Les géants verts

Connus pour être parmi les plus imposants et les plus anciens êtres vivants de la planète, les séquoias constituent les survivants d'une époque très lointaine remontant à plusieurs millions d'années alors que plusieurs espèces de ces grands arbres peuplaient les vastes forêts du globe. Seuls deux types de ces grands conifères existent encore, tous deux largement représentés en Californie, soit le séquoia géant et le séquoia à feuilles d'if (*redwood*). Plusieurs d'entre eux ont une circonférence à la base de près de 10 m.

Itinéraire

Jour 1

Seattle

À Seattle, prenez le monorail qui conduit au Seattle Center, le site où s'est tenue l'Exposition universelle de 1962. Faites alors l'ascension de l'emblématique Space Needle, d'où vous aurez une vue imprenable sur la ville. Les amateurs de rock ne manqueront pas ensuite de s'arrêter au EMP Museum, qui rend notamment hommage à des musiciens comme Curt Cobain ou Jimi Hendrix. Faites halte ensuite au marché public très animé et coloré qu'est le Pike Place Market. Puis, allez faire un tour sur le Waterfront, où une longue promenade longe l'Elliott Bay. Parcourez finalement le quartier historique de Pioneer Square.

Jour 2

Seattle – Portland 363 km

Rejoignez Portland en longeant la chaîne des Cascades. En route, faites un arrêt au monument national Mount St. Helens, où vous pourrez observer cette montagne volcanique dont la dernière éruption remonte à 1980. En traversant le fleuve Columbia, vous entrerez en Oregon. Faites un arrêt-photo aux chutes Multnomah avant votre arrivée à Portland.

Jour 3

Portland – Tillamook – Newport 227 km

Avec ses nombreux parcs et ses jardins, pas étonnant que Portland soit surnommée la ville des roses. S'y trouve d'ailleurs le

Le jardin de roses de Portland

Des méduses à l'Aquarium de l'Oregon

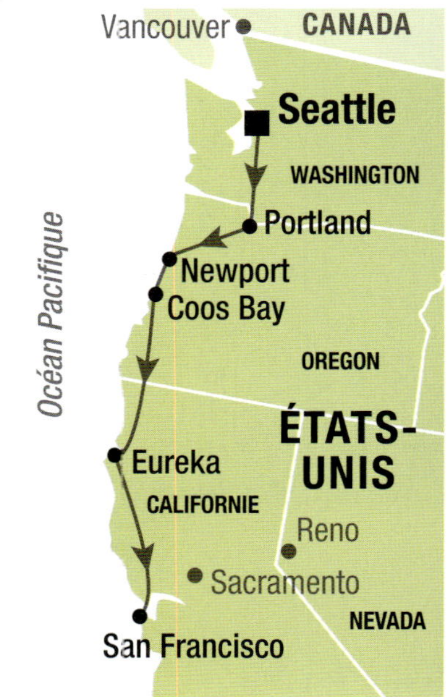

Le monument national Mount St. Helens

plus grand jardin de roses des États-Unis. En route vers Newport, un arrêt à Tillamook, mieux connue pour ses bonbons à l'eau de mer (*salt water taffy*), s'impose. Puis, en chemin vers Newport, prenez la « route des trois caps », d'où vous aurez de magnifiques vues sur la côte de l'Oregon.

Jour 4

Newport – Florence – Coos Bay 158 km

Visitez l'Aquarium de l'Oregon, puis dirigez-vous vers Florence à travers la forêt nationale de Siuslaw. À votre arrivée à Florence, l'une des villes les plus charmantes de la côte du Pacifique, explorez son centre historique et ses boutiques et cafés. Poursuivez jusqu'à Coos Bay, où vous pourrez vous promener sur le bord de l'eau et admirer les bateaux ancrés à la marina.

Jour 5

Coos Bay – Eureka

349 km

Reprenez l'autoroute vers la Californie, dont un tronçon panoramique de 97 km se trouve au sud du col Grant. Arrêtez-vous à Bandon pour visiter le phare de Coquille River. Puis, retrouvez la côte du Pacifique pour traverser le parc national Redwood sur l'Avenue of the Giants, une route qui vous laissera ébahi par la taille des célèbres séquoias du parc. À votre arrivée à Eureka, explorez cette ville qui est entièrement préservée par le statut de site historique, avec ses maisons victoriennes et ses quartiers bien conservés.

Jour 6

Eureka – San Francisco

436 km

Traversez la vallée de Sonoma avant d'arriver aux Muir Woods. Faites une promenade dans les sentiers aménagés de cette forêt protégée de séquoias géants. Arrêtez-vous à Sausalito pour parcourir ses rues et ses marinas, visiter ses galeries d'art, mais également pour avoir une vue superbe sur Alcatraz et San Francisco. La ville de Sausalito accueille aussi de nombreux artistes, et près de 400 familles vivent sur des *houseboats*.

Jour 7

San Francisco

Consacrez la journée à l'exploration des nombreux attraits de San Francisco,

San Francisco et le Golden Gate Bridge

incluant le plus grand quartier chinois des États-Unis, le parc et le pont du Golden Gate et la fameuse prison d'Alcatraz.

Jour 8

Excursion dans les vignobles

Faites une excursion dans les superbes régions vinicoles de Napa et Sonoma, renommées pour leurs vignes et la qualité de leurs vins. Profitez-en pour déguster des vins californiens dans chacune de ces vallées. À votre retour à San Francisco, rendez-vous au Pier 39 pour y voir les lions de mer étendus au soleil et y faire quelques emplettes.

L'État de Washington à la carte

Superficie: 185 000 km^2

Population: 6,7 millions d'habitants

Densité: 36,2 hab./km^2

Capitale: Olympia

Villes importantes: Seattle (635 000 hab.), Spokane (209 500 hab.), Tacoma (202 000 hab.), Vancouver (165 500 hab.), Bellevue (126 500 hab.), Kent (121 000 hab.), Everett (103 000 hab.)

Un plat: Une pointe de tarte aux pommes, l'État de Washington produisant plus de la moitié des pommes au pays.

Quelques airs à écouter sur la route: *Voodoo Child*, de Jimi Hendrix; *Smells Like Teen Spirit*, de Nirvana; *Even Flow*, de Pearl Jam; *Crazy on You*, de Heart; *You Are My Sunshine*, de Bing Crosby.

L'Oregon à la carte

Superficie: 255 000 km^2

Population: 3 831 000 habitants

Densité: 15 hab./km^2

Capitale: Salem

Villes importantes: Portland (586 000 hab.), Eugene (157 000 hab.), Salem (156 000 hab.), Gresham (106 000 hab.)

Un plat: Le *Crab Louie*, une salade concoctée avec de la chair de crabe, de la laitue, des œufs et des tomates.

Quelques airs à écouter sur la route: *Pacific Coast Highway*, de Hole; *Bitch*, de Meredith Brooks.

▸ **Quand y aller?**
En juin et juillet, pour profiter quotidiennement de la clarté jusqu'à 19h.

Le mont McKinley

▸ **13 jours**

▸ **De Fairbanks à Vancouver**

Pour qui? Pourquoi?

Un voyage parfait pour découvrir la nature à l'état pur et marcher sur les traces des chercheurs d'or.

Inoubliable...

- *Observer les paysages magnifiques entre le parc national Denali et Anchorage, à bord du train panoramique de l'Alaska Railroad.*
- *Voir des glaciers se détacher et se fracasser dans l'océan lors d'une croisière.*
- *Survoler le parc national Denali en hélicoptère.*

Alaska, la route du Nord

Avec son époustouflante beauté, ses majestueux glaciers datant de millions d'années et son abondante faune sauvage, l'Alaska est tout simplement unique. Découvrez cette « dernière frontière », qui fut le lieu d'une chasse à l'or avec des prospecteurs venant des quatre coins du pays pour s'enrichir. Apprenez-en plus sur la culture amérindienne de la région. Faites une croisière et laissez-vous transporter parmi ces majestueuses beautés sauvages que vous offre le « passage intérieur ». Venez vivre un voyage encore plus extravagant que dans vos rêves!

Un grizzli dans le parc national Denali

Des baleines à Juneau

Votre guide : **Michel Vaillancourt** (voir p. 201)

Son coup de cœur :
Les villes issues de la ruée vers l'or du Klondike

Ketchikan, avec son centre-ville animé et le parc des totems, qui souligne l'importance de cette communauté autochtone en Alaska. Skagway, nichée au cœur des montagnes, lieu de départ de milliers d'hommes et de femmes qui voulurent faire fortune au temps de la Ruée vers l'or. Aujourd'hui, la ville s'anime avec la musique des *saloons*. Juneau, la petite capitale du plus grand État américain, pour ses boutiques, ses *saloons* et son accueil chaleureux qui rendront votre séjour inoubliable. Il faut absolument s'offrir un survol des glaciers en hélicoptère, c'est une expérience tout à fait inoubliable. Une croisière en Alaska, c'est l'un des deux seuls moyens pour découvrir des villes telles que Juneau ou Ketchikan, car elles sont accessibles uniquement par bateau ou avion !

Ketchikan

Itinéraire

Jour 1

Fairbanks

Découvrez la ville historique de Fairbanks et son héritage de la Ruée vers l'or. Depuis Fairbanks, il est aussi possible de prendre part à une visite du Trans-Alaska Pipeline, un oléoduc pétrolier de 1 300 km de long, et de faire une croisière sur la rivière Chena.

Jour 2

Fairbanks – Parc national Denali **197 km**

Faites route vers le parc national Denali, où, en plus d'explorer le parc, vous pourrez admirer le mont McKinley, le plus haut sommet d'Amérique du Nord.

Jour 3

Parc national Denali – Anchorage

Montez à bord du célèbre train de l'Alaska Railroad pour un voyage mémorable à destination d'Anchorage. Admirez les panoramas spectaculaires tout en longeant la rivière Susitna.

Jour 4

Anchorage

À Anchorage, ne manquez pas d'aller faire un tour au lac Hood, où se trouve la base d'hydravions la plus active au monde. Puis, rendez-vous à l'Alaska Native Heritage Center pour tout apprendre sur les Premières Nations du plus vaste État des États-Unis.

Jour 5

Anchorage – Seward

204 km

Empruntez la route panoramique en direction de Seward. En chemin, rendez-vous jusqu'au pied du glacier Exit. Traversez le Turnagain Arm, le bras de mer où sont enregistrées les plus fortes marées après celles de la baie de Fundy, au Nouveau-Brunswick. Visitez l'Alaska SeaLife Center, centre de recherches et de réhabilitation de la faune du Pacifique Nord. Découvrez les splendeurs du parc national des Fjords de Kenai en approchant les glaciers suspendus, qui menacent à tout moment de craquer et de s'effondrer dans le golfe d'Alaska.

Le Turnagain Arm

Le Turnagain Arm est un bras de mer qui prend sa source dans le Cook Inlet, cette baie allongée du golfe d'Alaska sur laquelle s'ouvre la ville d'Anchorage. En 1778, William Bligh, maître d'équipage sur le vaisseau *Resolution* du Captain James Cook, à la recherche du passage du Nord-Ouest, dénomma ce détroit *« Turn again »* car il dut faire demi-tour, puisqu'il n'arrivait pas à trouver une voie d'eau pour rejoindre le Prince William Sound. La Seward Highway, qui suit la rive nord du Turnagain Arm, fait partie des plus belles voies carrossables des États-Unis.

Un intéressant phénomène est observable dans les eaux du Turnagain Arm : le mascaret. Il s'agit ici d'une vague qui peut atteindre 2 m de haut ; elle se forme lorsque le courant du bras de mer va à l'encontre d'une forte marée montante. Parmi les plus larges du monde, ce mur d'eau avance à 25 km/h et s'étend sur 65 km à 80 km. Les phoques « surfent » souvent sur la vague pour entrer dans le Turnagain Arm – c'est l'occasion de les observer –, et les bélugas suivent souvent, environ 30 minutes plus tard, lorsque l'eau est un peu plus profonde.

Le train de l'Alaska Railroad

Jour 6

Seward – Croisière dans le « passage intérieur »

Embarquez-vous pour une croisière qui vous mènera vers Vancouver en longeant le « passage intérieur », ce labyrinthe surprenant d'îles et de canaux.

Jour 7

En mer

Cette journée en mer permet d'observer la faune marine qui est abondante dans la région. Avec un peu de chance, vous pourrez voir des orques.

Jour 8

Icy Strait Point

Faire escale à Icy Strait Point constitue une expérience qui combine authenticité culturelle et nature d'une incroyable beauté. Initiez-vous ainsi à la culture et à l'art des Tlingits et partez en excursion d'observation des baleines à bosse ou des ours.

Jour 9

Juneau – Glaciers Sawyer

Juneau, la capitale de l'Alaska, est accessible seulement par la mer ou par voie aérienne. Considérée comme la plus jolie ville de l'État, Juneau jouit d'un relief ondoyant et sinueux, et ses rues étroites dégagent le charme d'une petite ville, teintée d'une élégance cosmopolite. Vous y trouverez d'excellentes boutiques, des restaurants raffinés et de superbes musées. Non loin de Juneau, dans le fjord de Tracy Arm, les glaciers jumeaux Sawyer sont des incontournables avec leur stature imposante et la faune diversifiée qui vit dans leurs environs.

Jour 10

Skagway

Fondée sur le site d'un campement amérindien et attirant les prospecteurs de la ruée vers l'or du Klondike, Skagway est nichée dans la chaîne Côtière du sud-est de l'État. Un parcours en train historique chemine le long des pistes utilisées lors de la ruée vers l'or du Yukon. Un musée retrace en images la folie de l'or qu'engendra l'époque.

Jour 11

Ketchikan

Située à la frontière sud de l'Alaska, sur l'île Revillagigedo, Ketchikan fourmille de

Le parc national des Fjords de Kenai

culture amérindienne. Lieu de résidence de la plus importante concentration de membres des nations Tlingit, Haida et Tsimshian de l'État, cette ville d'une beauté exceptionnelle se targue d'avoir la plus vaste collection de totems au monde, ainsi qu'une sélection tout aussi impressionnante de musées et de centres culturels. Les eaux calmes de Ketchikan et son climat étonnamment doux en font un lieu de prédilection pour les amateurs de pêche sportive.

Jour 12

En mer

Vous voguerez aujourd'hui dans le «passage intérieur» et pénétrerez dans un fjord gigantesque où vous rencontrerez d'imposantes chaînes de montagnes, des falaises s'élevant jusqu'au ciel, des chutes d'eau impressionnantes, mais aussi des forêts de sapins interminables. La faune n'est pas en reste avec les nombreux ours, baleines, aigles et saumons qui se côtoient dans ce décor hors norme.

Jour 13

Vancouver

Au débarquement du navire, visitez la troisième ville en importance du Canada, son parc Stanley, son quartier chinois, son parc Reine-Élizabeth et son quartier de Gastown.

L'Alaska à la carte

Superficie : 1 718 000 km²

Population : 731 500 habitants

Densité : 0,43 hab./km²

Capitale : Juneau

Villes importantes :
Anchorage (272 700 hab.),
Fairbanks (31 300 hab.),
Juneau (31 000 hab.).

Un plat : Les *Alaskan crab legs*, d'immenses pattes de crabe servies avec du beurre fondu.

▶ **Quand y aller ?**
De juin à septembre, les températures sont très élevées et le soleil brille. Les mois de janvier à mai, qui correspondent en partie à la haute saison touristique, s'avèrent toutefois très agréables également, alors que les températures sont un peu plus fraîches.

Une plage du nord de l'île d'O'ahu

▶ **9 jours**

▶ **De l'île d'Oahu à l'île de Maui**

Pour qui ? Pourquoi ?

Avec ses paysages exotiques, cet archipel offre un éventail de possibilités. Tant les amateurs de sports nautiques que ceux qui veulent en connaître plus sur la culture polynésienne seront comblés.

Inoubliable...

- *Assister à l'éruption volcanique du Kilauea.*
- *Apprendre à faire du surf, longtemps réservé aux Alii, la monarchie hawaiienne.*
- *S'initier à la danse traditionnelle du* hula *lors d'un* luau.

Splendeurs d'Hawaii

Paysages fabuleux, flore dense et colorée et culture éblouissante, tous les aspects de cet archipel semblent paradisiaques. Laissez-vous charmer par ses plages magnifiques et son peuple accueillant. Hawaii est synonyme d'aventure, avec ses forêts vierges, ses volcans et tous les sports nautiques qu'il est possible d'y pratiquer. Faites le plein de soleil, d'air pur et de bonheur dans ce merveilleux État américain perdu au milieu du Pacifique.

Un *tiki*, statue hawaïenne typique

Le Waimea Canyon

Aloha

Bonjour, au revoir, bienvenue, amour, aimer, bref, *Aloha* transcrit en un mot toute la chaleur du peuple hawaïen. Ses initiales sont aussi déclinées en cinq composantes: *Akahai* (douceur), *Lokahi* (harmonie), *'Olu'olu* (bonté), *Ha'aha'a* (humilité) et *Ahonui* (patience).

Un surfeur

Itinéraire

Jours 1 à 3

Honolulu

Profitez de votre séjour à Honolulu pour découvrir toute la beauté de l'île d'O'ahu. Des verdoyantes montagnes aux eaux cristallines, en passant par des plaines fertiles, vous vivrez la diversité de l'île. Le cratère Diamond Head, les baies de Waimea et de Hanauma, les plages de surf du nord, les champs d'ananas et la plantation Dole ne sont que quelques attraits de cette magnifique île. Commencez votre visite en terre hawaiienne par l'un des monuments les plus visités d'O'ahu, soit le mémorial du USS *Arizona*, à Pearl Harbor. Revivez l'histoire de l'attaque japonaise du 7 décembre 1941, puis montez sur le mémorial du navire USS *Arizona*, où vous pourrez lire les noms de tous les marins morts à bord, dont les corps reposent encore pour la plupart à l'intérieur de l'épave. Poursuivez en visitant les sites historiques d'Honolulu: le cimetière national du Pacifique, le palais Iolani, le Capitole, la place Washington, la statue du roi Kamehameha et l'église Kawaiahao, considérée comme la première église chrétienne d'Hawaii. Faites la visite du Centre culturel polynésien, ce parc d'attractions à vocation culturelle qui présente l'histoire et la culture de sept archipels du Pacifique. Assistez à un *luau*, un spectacle grandiose avec costumes traditionnels, tout en profitant d'un superbe buffet digne d'un festin de roi.

Jour 4

Honolulu – Kauai

Vol à destination de l'île de Kauai. Admirez de beaux panoramas en empruntant la route panoramique entre Poipu et Waimea, ancienne capitale polynésienne de Kauai et lieu où le Captain Cook débarqua en 1778. Visitez le Waimea Canyon, surnommé par Mark Twain le « Grand Canyon du Pacifique ». Arrêtez-vous à Spouting Horn, ce geyser maritime situé en bordure de l'océan.

Jour 5

Kauai

Poursuivez vos découvertes en prenant part à une croisière sur la rivière Wailua

Fleurs de *plumeria*

Vue sur la mer depuis le cratère Diamond Head

En plongée

Le volcan Kilauea

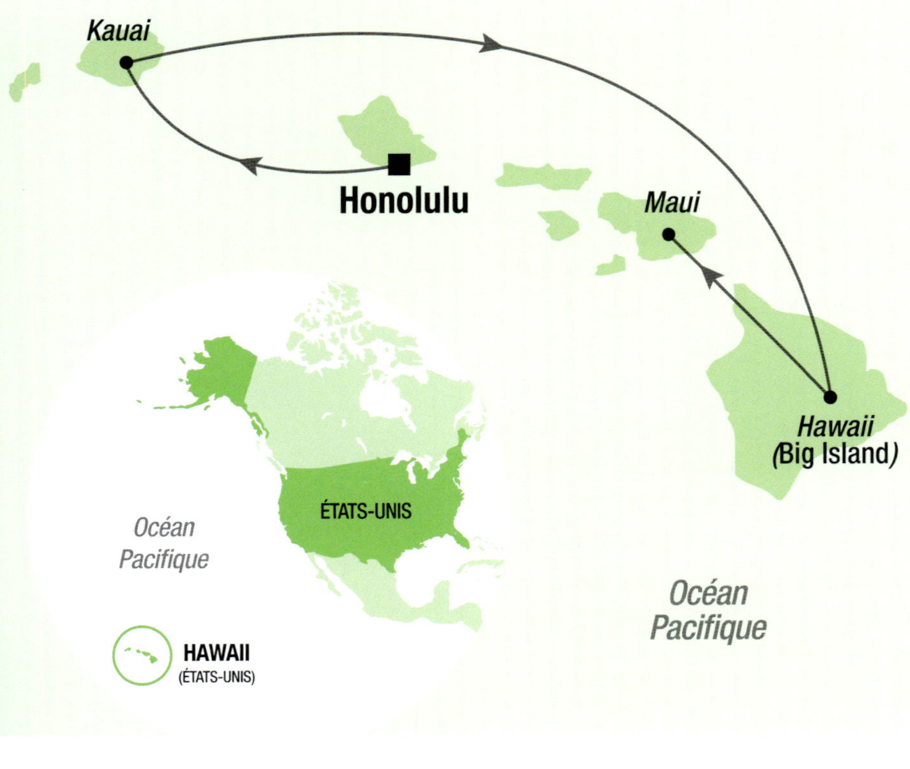

qui vous mènera à la Fern Grotto, une grotte faite de roche volcanique et recouverte de fougères. Ensuite, plusieurs activités s'offriront à vous : tour d'hélicoptère, plongée en apnée et autres activités nautiques. Explorez la baie de Hanalei, lieu de tournage de la minisérie *Les oiseaux se cachent pour mourir*.

Jour 6

Kauai – Hawai'i

Aujourd'hui, reprenez l'avion pour vous rendre sur l'île d'Hawai'i, surnommée Big Island. Visitez le parc national des Volcans, désigné patrimoine mondial depuis 1987. Ce parc comporte le volcan le plus actif du monde, le Kilauea, ainsi que le plus gros du monde, le Mauna Loa. Le volcan Kilauea, qui s'élève à plus de 1 200 m, est

Jongleurs de feu pendant un *luau*

actif depuis des siècles et abrite de vastes champs de lave, plusieurs cratères et des cônes de cendre. Explorez le sommet de ce dernier par la Crater Rim Drive, une route de 17 km qui franchit une forêt tropicale puis un désert.

Jour 7

Hawai'i – Maui

Poursuivez votre voyage en prenant un vol pour Maui, l'île la plus touristique de l'archipel, où vous aurez de splendides vues sur la côte entre le port de Maalaea et Lahaina. Visitez le parc d'État de la vallée lao, surnommé le « Yosemite du Pacifique ». Admirez l'lao Needle, ce pic de 365 m devenu l'emblème du parc.

Jours 8 et 9

Maui

Rendez-vous au cratère du Haleakala, ce volcan endormi qui occupe les deux tiers de l'île. Vous y retrouverez des environnements totalement opposés sur ses pentes : déserts d'un côté et forêts tropicales de l'autre. Ensuite, relaxez dans une station balnéaire ou visitez l'ancien port baleinier de Lahaina, qui propose désormais des croisières à la découverte de ces grands mammifères marins que sont les baleines. Vous pourrez aussi faire un tour de sous-marin au-dessus d'une barrière de corail.

Hawaii à la carte

Superficie de l'archipel : 16 638 km²

Population : 1 360 000 habitants

Capitale : Honolulu

Villes importantes : Honolulu (O'ahu ; 372 000 hab.), Ewa (O'ahu ; 272 300 hab.), Hilo (Hawai'i ; 41 000 hab.).

Un plat : L'*Ahi Poke*, préparation à base de poisson frais, poulpe ou calmars coupés en petits morceaux et marinés dans une sauce de soja avec oignons et algues vertes.

Quelques airs à écouter sur la route : *Locked Out of Heaven*, de Bruno Mars ; *The Rose*, de Bette Midler ; *Sitting, Waiting, Wishing*, de Jack Johnson ; *Blue Hawaii*, d'Elvis Presley.

Bernaches du Canada dans le parc national de Banff

L'Ouest canadien

▶ **Quand y aller ?**
En juillet et août, pour profiter d'une température plus chaude et agréable dans les Rocheuses, et pour les nombreux festivals.

La promenade des Glaciers

▶ **10 jours**

▶ **Boucle au départ de Vancouver**

Pour qui ? Pourquoi ?

Pour le voyageur qui veut découvrir le magnifique décor sauvage de l'Ouest canadien, mais qui s'intéresse aussi à ses grandes villes.

Inoubliable...

- *Se rendre de Vancouver à Jasper à bord du célèbre train Rocky Mountaineer.*
- *S'émerveiller devant les panoramas de la promenade des Glaciers, au cœur des Rocheuses.*
- *Admirer les paysages époustouflants du lac Peyto et du lac Moraine avec leurs eaux turquoise surréalistes.*
- *Faire un voyage dans le temps en prenant le thé à l'hôtel Empress, à Victoria.*

À la découverte de l'Ouest canadien

Ce circuit combine les paysages majestueux de l'Ouest canadien et la visite de ses grandes villes riches en histoire. Des lacs aux eaux bleu turquoise, des glaciers, des chutes d'eau, des vignobles et des arbres géants seront au rendez-vous ! Vivez l'expérience unique d'un voyage en train entre Vancouver et Jasper à bord du célèbre et très primé Rocky Mountaineer. Enfin, découvrez le paradis des sports d'hiver dans les régions de Banff et Whistler ! Un voyage inoubliable !

Un jeune orignal

Un ours noir

Le parc national de Jasper

Itinéraire

Jours 1 et 2

Vancouver – Kamloops – Jasper

Montez à bord du Rocky Mountaineer pour un parcours de deux jours. En direction de Kamloops, le train quittera la chaîne Côtière et le canyon du fleuve Fraser pour longer la rivière Thompson. En chemin, vous pourrez admirer les eaux tumultueuses de Hells Gate. Le lendemain, vous atteindrez Jasper, où vous ferez votre entrée dans le parc national du même nom, au cœur des Rocheuses canadiennes.

Jour 3

Jasper – Banff 288 km

Empruntez la promenade des Glaciers, qui mène à Banff et est réputée pour ses merveilleux panoramas. Arrêtez-vous aux chutes Athabasca, puis dirigez-vous vers le glacier Athabasca, partie intégrante du célèbre massif de glace Columbia. Faites une excursion en autochenille sur une couche de glace de 300 m d'épaisseur, d'où vous aurez une vue d'ensemble sur le champ de glace et les glaciers environnants. Puis, arrêtez-vous au lac Peyto, et enfin à Banff, où vous découvrirez son superbe parc national.

Jour 4

Banff

Admirez les chutes de la rivière Bow, les cheminées des fées et le magnifique village de Banff. Dirigez-vous ensuite vers la région du lac Louise et faites une pause au célèbre Château Lake Louise avant de poursuivre vers le lac Moraine, immortalisé au verso des anciens billets de 20 dollars canadiens. À votre retour à Banff, profitez des bienfaits des eaux sulfureuses qui sont à l'origine du parc.

Jour 5

Banff – Kelowna 484 km

En quittant la province de l'Alberta, faites un arrêt au lac Emerald avant de traverser le col du Cheval-qui-Rue. Poursuivez jusqu'au parc national des Glaciers, où vous franchirez le col Rogers. Arrêtez-vous ensuite dans le parc national de Revelstoke pour admirer la forêt de cèdres

Le parlement provincial à Victoria

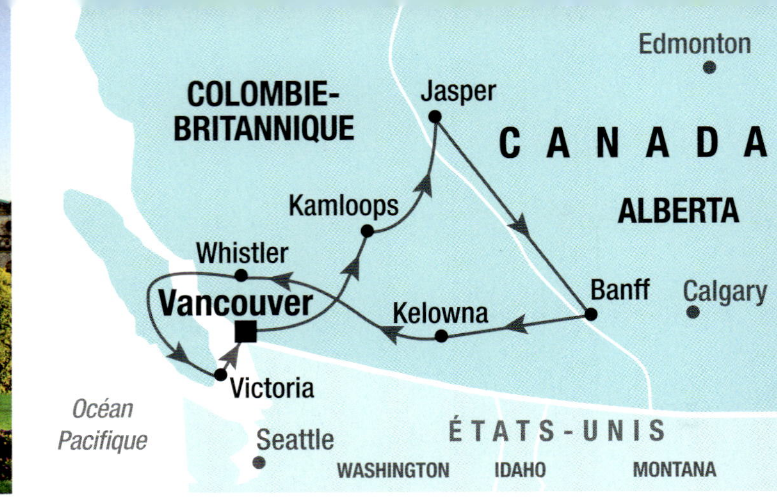

Votre guide : **André Jolin** (voir p. 201)

Son coup de cœur :
Les paysages saisissants

Les contrastes entre les paysages de chaque région de l'Ouest canadien gravent des souvenirs d'une rare beauté et font sourdre une exceptionnelle émotion particulièrement le long de la promenade des Glaciers. Une sensation d'immensité envahit spontanément chaque voyageur à la vue des plaines aux cultures céréalières qui s'intercalent comme les pièces d'une courtepointe; à travers les sommets des Rocheuses aux arêtes qui se dressent droit vers le ciel et qui donnent tout son sens à l'expression «grandiose»; à la découverte de ces lacs aux teintes opalescentes d'une indicible beauté sertis dans les replis de ses vallées profondes, comme si la nature avait voulu préserver ces bijoux pour l'éternité. À la vérité, les mots n'arrivent pas à dire cette beauté, ni les sentiments ressentis à la vue de ces reliefs.

Des mouflons dans le parc national de Banff

Le lac Peyto

géants. Vous atteindrez ensuite la vallée de l'Okanagan, réputée pour la beauté des lieux, son climat ensoleillé, ses vignes et ses vergers. Prenez le temps de faire une halte dans un vignoble.

Jour 6
Kelowna – Whistler
457 km

Traversez la petite ville de Cache Creek, où vous pourrez visiter un ranch historique, puis empruntez la route panoramique 99, qui mène à Whistler et vous dévoilera des paysages féeriques. Whistler, un charmant village de villégiature niché à flanc de montagne, est réputé pour ses sports d'hiver et sa station de ski. Profitez-en pour emprunter la télé-

cabine Peak-to-Peak, qui relie les monts Whistler et Blackcomb et qui détient le record mondial de la plus grande traversée avec 4,4 km.

Jour 7

Whistler – Victoria

291 km

Dirigez-vous vers Brittania Bay sur l'autoroute panoramique Sea to Sky. Continuez vers Horseshoe Bay, où vous prendrez le traversier jusqu'à Nanaimo (durée 1h35). Arrêtez-vous ensuite à Chemainus afin d'admirer les magnifiques peintures murales relatant l'histoire de la colonisation de l'île de Vancouver. En soirée, visitez, à Brentwood Bay, les célèbres jardins Butchart, transformés en magie multicolore par un jeu astucieux de réflecteurs.

Jour 8

Victoria

Découvrez la magnifique ville de Victoria, ses quartiers résidentiels, son port, le parc de Beacon Hill, l'hôtel Empress, la marina et le parlement provincial. Vous apprécierez le cachet très *British* de la capitale de la Colombie-Britannique. Pour une vue superbe de la ville, rendez-vous au château Craigdarroch, qui évoque l'image romantique d'un château fort.

Jour 9

Victoria – Vancouver

136 km

Reprenez le traversier, cette fois entre Swartz Bay et Tsawwassen, puis continuez jusqu'à Vancouver. En après-midi, empruntez la plus longue passerelle suspendue au monde, le pont de Capilano, et visiter une passe migratoire à saumons.

Jour 10

Vancouver

Découvrez les beautés de Vancouver, ville-hôte des Jeux olympiques d'hiver 2010, le parc Stanley, le quartier chinois, le parc Queen Elizabeth, l'Aquarium et le quartier de Gastown. Prenez le temps de faire un tour en voiture à cheval dans le parc Stanley ou encore de flâner dans la fameuse rue Robson, la Mecque du lèche-vitrine à Vancouver.

47

▶ **Quand y aller ?**
En juillet et août, pour profiter des plages de la ville.

▶ **5 jours**

▶ **Séjour à Vancouver**

L'Ouest canadien

Pour qui ? Pourquoi ?

Pour ceux qui ont envie d'une escapade urbaine dans un cadre magnifique à proximité de la nature.

Inoubliable...

- *Emprunter le Seawall à vélo pour faire le tour du magnifique parc Stanley.*
- *Prendre le thé au jardin Dr. Sun Yat-Sen, dans le Chinatown.*
- *Franchir le Capilano Suspension Bridge pour accéder à une forêt de séquoias géants.*
- *Monter à bord du* Whistler Sea to Sky Climb *à destination de Whistler.*

Escapade à Vancouver

Cernée à la fois par l'océan Pacifique et des montagnes spectaculaires, Vancouver, qui fut l'hôte des Jeux olympiques d'hiver de 2010, se veut aussi une ville cosmopolite. Troisième région métropolitaine du Canada et plus grande ville de l'Ouest canadien, elle est incontournable tant par son ambiance urbaine et détendue que par son multiculturalisme. Point de départ des croisières en Alaska, Vancouver est souvent considérée comme un passage obligé, mais elle n'en demeure pas moins une ville magnifique qu'il vaut la peine d'explorer en profondeur.

Vancouver à vélo

Parmi les nombreuses pistes cyclables de Vancouver, la Seaside Greenway est l'une des plus intéressantes puisqu'elle permet d'admirer des paysages époustouflants le long de Burrard Inlet, d'English Bay et de False Creek. Les cyclistes peuvent se rendre au Stanley Park, où ils suivront la piste du Seawall. Après le Seawall de 8 km, les totems, le Lions Gate Bridge et plusieurs plages, les cyclistes peuvent continuer le long d'English Bay jusqu'à Science World. La piste se poursuit vers Granville Island et le long de la rive à travers le Kitsilano Park et plusieurs plages jusqu'à Spanish Bank West.

Itinéraire

Jour 1

Vancouver

Commencez votre découverte de la ville par le quartier historique de Gastown, le Chinatown, la rue commerciale Robson, la baie et le port de Vancouver, sans oublier la Lookout Tower du Harbor Centre et le Queen Elizabeth Park.

Jour 2

Visite des parcs

Offrez-vous une promenade dans le magnifique parc Stanley, oasis urbaine de plus de 400 ha. Parcourez le parc en empruntant le Seawall, une promenade riveraine longue de 8 km, et arrêtez-vous pour observer son impressionnante collection de mâts totémiques. Ensuite, faites un tour en voiture à cheval pour compléter votre visite du parc de façon amusante et détendue. Terminez la journée à l'Aquarium de Vancouver, situé à l'entrée du parc Stanley.

Jour 3

Excursion

Partez aujourd'hui en expédition et franchissez le Capilano Suspension Bridge, l'un des plus longs ponts piétonniers suspendus au monde. Puis, de l'autre côté, promenez-vous dans une forêt de séquoias géants. Faites ensuite l'ascension en tram aérien de Grouse Mountain, située en banlieue de Vancouver.

Jour 4

Croisières

Embarquez-vous pour une excursion d'observation des baleines. Puis, prenez l'*Aquabus* jusqu'à Granville Island et visitez son marché et ses boutiques d'artisanat.

Jour 5

Excursion à Whistler

Montez à bord du *Whistler Sea to Sky Climb* de Rocky Mountaineer. Le trajet d'une durée de 3h entre Vancouver et Whistler vous enchantera par son panorama remarquable et ses points de vue à couper le souffle ! Profitez de votre passage à Whistler pour faire une promenade dans le village piétonnier ou encore une randonnée en montagne.

▶ **Quand y aller ?**
En juillet et août, pour la température agréable dans les Rocheuses.

Les totems du parc Stanley, à Vancouver

▶ **12 jours**

▶ **De Calgary à Vancouver**

Pour qui ? Pourquoi ?

Pour ceux qui ont envie de visiter l'Ouest canadien hors des sentiers battus.

Inoubliable...

- *Observer les cheminées des fées dans les environs de Banff.*
- *Découvrir toute la richesse culturelle des Premières Nations à Hazelton.*
- *Faire une excursion en kayak dans les fjords à Prince Rupert.*
- *Se balader dans les splendides Butchart Gardens, près de Victoria, pour admirer plus de mille espèces de fleurs.*

La route des **totems**

Un monde régi par les grands espaces, voilà comment doit être décrit l'Ouest canadien. Percez les mystères de cette terre aux aventures illimitées, aux sommets dentelés, aux rivières rugissantes et aux lacs miroitants. Vibrez au rythme des grandes villes cosmopolites de Calgary et Vancouver. Découvrez les vastes étendues sauvages du nord de la Colombie-Britannique. Imprégnez-vous de la culture amérindienne en explorant des sites exceptionnels. Rencontrez le symbole de la côte nord, le totem, et découvrez son origine.

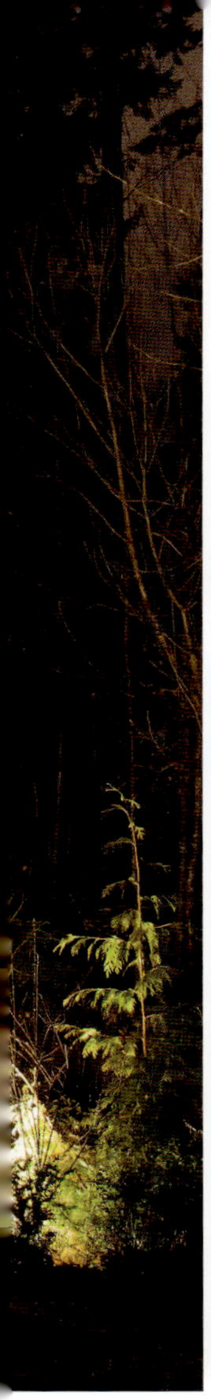

Calgary

Le glacier Athabasca

Les cheminées des fées, près de Banff

Itinéraire

Jour 1

Calgary

Commencez votre visite de la ville au musée Glenbow, où vous aurez un aperçu des différentes étapes de la colonisation de l'Ouest. Vous pourrez ensuite observer la ville et ses environs depuis le sommet de la Calgary Tower, faire une pause à l'Olympic Plaza, puis remonter dans le temps au Fort Calgary.

Jour 2

Calgary – Banff **128 km**

Départ à destination des Rocheuses canadiennes, où vous visiterez d'abord la ville de Banff et ses alentours. Vous y verrez notamment des cheminées des fées, ces grandes colonnes rocheuses naturelles, et les chutes de la rivière Bow. En fin de journée, si la température le permet, faites l'ascension du mont Sulphur en téléphérique.

Jour 3

Banff – Jasper **289 km**

Commencez la journée en vous arrêtant au lac Peyto, qui a la particularité de voir la couleur de ses eaux varier considérablement selon les saisons. Par la suite, dirigez-vous vers le glacier Athabasca, qui fait partie du célèbre champ de glace Columbia. Faites ensuite une excursion en autochenille qui vous mènera tout en haut du glacier. Enfin, faites une halte aux chutes Athabasca.

Jour 4

Jasper – Prince George

375 km

Traversez la frontière provinciale pour passer de l'Alberta à la Colombie-Britannique, où se trouve le parc du Mont Robson. En après-midi, arrivée à Prince George, où vous pourrez visiter le Railway and Forestry Industry Museum. À l'aide d'une collection d'équipement historique, ce musée relate l'histoire du développement du chemin de fer et de l'industrie dans le centre de la Colombie-Britannique.

Jour 5

Prince George – Smithers **371 km**

En matinée, rendez-vous à l'Exploration Place Museum pour en apprendre davan-

Le Fairmont Empress Hotel

Le thé à Victoria

La tradition de l'*afternoon tea* (le thé de l'après-midi) est l'une des diverses expressions de l'héritage britannique de Victoria. Le thé, connu des Chinois depuis plus de 5 000 ans, fut introduit à la cour anglaise au XVIIe siècle, mais n'est devenu populaire qu'environ deux siècles plus tard.

Malgré le fait qu'il existe plusieurs charmants salons de thé à Victoria, aucun d'eux n'a le cachet ou l'atmosphère distinguée de l'*afternoon tea* du Fairmont Empress Hotel. Le goûter, en plus du contenu d'une théière Empress, comprend de délicats sandwichs, des scones frais accompagnés de crème Jersey et de confiture de fraises ainsi que des pâtisseries ; le tout vous coûtera entre 50$ et 60$.

Le village historique 'Ksan

Le pont suspendu de Capilano

tage sur la faune de la région, les sports et la paléontologie. Puis, quittez Prince George pour vous rendre à Smithers, que vous atteindrez en après-midi. Cette charmante ville arbore une architecture hors du commun, ce qui lui confère, avec la montagne Hudson Bay, l'allure d'un village tyrolien.

Jour 6

Smithers – Prince Rupert **348 km**

À Hazelton, vous avez rendez-vous avec la richesse culturelle des Premières Nations au village historique 'Ksan. Un guide sur place vous familiarisera avec les différents aspects de la culture Gitxsan à travers les bâtiments et le style de vie de ce peuple. Puis, à Port Edward, faites halte au North Pacific History Fishing Village. À Prince Rupert, vous apprécierez l'architecture victorienne de la ville, de même que ses avenues larges et agréables, ses belles boutiques et ses nombreux restaurants. Le quartier de Cow Bay, bâti sur pilotis en surplomb sur un joli port de plaisance, est à ne pas manquer.

Jour 7

Prince Rupert – Port Hardy

À bord du *Queen of the North*, quittez Prince Rupert en direction de Port Hardy. La traversée, qui occupera toute votre journée (durée 15h), vous fera profiter de paysages superbes en longeant les côtes et en naviguant entre les îles.

Jour 8

Port Hardy – Port Alberni **381 km**

À la galerie Copper Maker, vous pourrez vous initier à l'art amérindien sous la forme totémique. Certaines œuvres étant en cours de création, vous pourrez en profiter pour demander aux artistes des explications sur la symbolique de ces impressionnantes sculptures. En après-midi, rendez-vous à Port Alberni, où vous pourrez voir le Harbour Quay, le Farmers' Market, la gare et la fontaine de la place publique représentant le cycle de vie du saumon.

Jour 9

Port Alberni – Victoria **195 km**

Montez à bord d'un ancien train à vapeur qui vous emmènera au McLean

Les Butchart Gardens

Mill National Historic Site. Ce petit village historique vous projettera dans le passé en témoignant du développement de l'industrie et des technologies forestières. Promenez-vous à travers la forêt de Cathedral Grove, dans le MacMillan Provincial Park. En route vers Victoria, faites un arrêt incontournable à Chemainus, afin d'y découvrir ses bâtiments ornés de magnifiques peintures murales, ainsi qu'aux Butchart Gardens, à Brentwood Bay.

Jour 10
Victoria

Consacrez votre journée à la visite de la capitale de la Colombie-Britannique: le musée provincial, le port, le parc de Beacon Hill, l'hôtel Empress, la marina et le Parlement.

Jour 11
Victoria – Vancouver
112 km

Prenez le traversier de Swartz Bay à Tsawwassen (durée 1h35) et continuez votre route jusqu'à Vancouver. En après-midi, faites la traversée de l'un des plus longs ponts piétonniers au monde, le pont suspendu de Capilano. Ensuite, visitez une passe migratoire à saumons.

Jour 12
Vancouver

Découvrez la ville de Vancouver, son quartier historique de Gastown, son Chinatown, la rue commerciale Robson, la baie et le port de Vancouver, le Vancouver Lookout, le parc Queen Elizabeth et le célèbre parc Stanley.

La Colombie-Britannique à la carte

Superficie: 950 000 km²

Population: 4 600 000 habitants

Densité: 4,8 hab./km²

Capitale: Victoria

Villes importantes:
Vancouver (603 000 hab.), Victoria (344 000 hab.), Abbotsford (141 000 hab.), Kelowna (117 000 hab.)

Un plat: Le *grilled Wild BC Salmon*, un savoureux saumon sauvage grillé.

Quelques airs à écouter sur la route: *The Look of Love*, de Diana Krall; *Summer of '69*, de Bryan Adams; *I'm Like A Bird*, de Nelly Furtado; *It's A Beautiful Day*, de Michael Bublé.

▶ **Quand y aller?**
De mai à août, pour la température agréable et le «soleil de minuit».

Le Telus World of Science, à Edmonton

▶ **10 jours**

▶ **D'Edmonton à Yellowknife**

Pour qui? Pourquoi?

Pour les voyageurs voulant découvrir les cultures des Premières Nations et sortir des sentiers battus.

Inoubliable...

- *Se perdre dans le West Edmonton Mall.*
- *Observer des bisons à l'Elk Island National Park.*
- *Obtenir son certificat d'explorateur du nord au centre d'information du 60e parallèle.*
- *Faire une randonnée en canot dans le parc national Wood Buffalo.*

Edmonton et les Territoires du Nord-Ouest

Explorez le nord de l'Alberta et les Territoires du Nord-Ouest avec cet itinéraire qui vous mènera aux confins du Nord canadien, là où vous attendent de sublimes paysages et de charmants petits villages. Promenez-vous dans la forêt boréale à la recherche de merveilles de la nature et de contrées sauvages où l'homme n'a pas encore laissé de traces de son passage. Tout amateur de plein air, de grands espaces et d'animaux sera comblé par ce voyage. Pendant les mois de mai à août, le «soleil de minuit» se manifeste pour le plus grand plaisir des petits et des grands.

Le West Edmonton Mall

Un bison de l'Elk Island National Park

Les chutes du Twin Falls Gorge Territorial Park

Itinéraire

Jour 1

Edmonton

Visitez Edmonton, la capitale de l'Alberta, et son fameux West Edmonton Mall, l'un des plus grands centres commerciaux du monde. Ne manquez pas ensuite le Musée royal de l'Alberta, le Musée de l'aviation et le zoo, puis baladez-vous dans la River Valley. Les amateurs de science et de technologie voudront pour leur part s'arrêter au Telus World of Science, qui propose toutes sortes d'expositions interactives plus fascinantes les unes que les autres. Terminez votre journée dans le quartier d'Old Strathcona, pour ses boutiques, ses restaurants et ses galeries d'art.

Jour 2

Excursion à l'Elk Island National Park

100 km

Dans ce parc national renommé pour sa faune abondante, voyez des bisons, des wapitis, des cerfs de Virginie et des orignaux qui s'y promènent librement. Si vous êtes chanceux, vous pourriez même apercevoir des coyotes et des castors.

Jour 3

Edmonton – Peace River

487 km

En route vers Peace River, faites un arrêt au Centre d'interprétation des forêts de Whitecourt. Vous y trouverez des véhicules antiques et une présentation multimédia sur l'industrie forestière. Profitez-en pour faire un pique-nique au Rotary Park.

Jour 4

Peace River – High Level

296 km

Prenez la route touristique de Deh Cho, nom déné du fleuve Mackenzie, qui veut dire « grande rivière ». Vous pourrez apercevoir les plaines de l'Alberta. À votre arrivée à High Level, promenez-vous dans le Community Park.

Jour 5

High Level – Fort Smith

570 km

Au nord d'Indian Cabins, vous franchirez la frontière entre l'Alberta et les Territoires

Un renard

La Hay River

Une aurore boréale dans le nord de l'Alberta

Soleil de minuit

Une des attractions du Nord canadien tient à la possibilité d'y jouir de ce qu'il est convenu d'appeler le «soleil de minuit», soit cette période de l'année où il fait clair 24 heures sur 24, et qu'on désigne localement du nom de «saison lumineuse». Sous les plus hautes latitudes, le soleil d'été décrit ainsi un cercle dans le ciel plutôt que de se lever et se coucher. On s'étonne alors de voir les gens s'affairer autour de leurs bateaux et les enfants jouer jusqu'à une heure très avancée, l'heure du coucher étant davantage déterminée par la fatigue que par les horloges.

du Nord-Ouest. Arrêtez-vous au centre des visiteurs du 60e parallèle afin de recevoir votre certificat d'explorateur du nord. Prévoyez une halte au Twin Falls Gorge Territorial Park pour admirer ses impressionnantes chutes d'eau. Ce parc constitue une destination en soi, avec son paysage spectaculaire. Laissez-vous transporter par la sérénité des lieux.

Jour 6

Fort Smith

Partez à la découverte de ce charmant petit village, où vous apprendrez que l'histoire de la région a été grandement influencée par les missionnaires et les coureurs des bois. Voyez le parc historique Fort Smith Missionary et le Northern Life Museum. Visitez le parc national Wood Buffalo, site du patrimoine mondial de l'UNESCO. Vous serez époustouflé par la vue sur les plaines boréales, qui présentent une géologie inhabituelle et abritent une variété innombrable d'oiseaux et d'animaux sauvages.

Jour 7

Fort Smith – Hay River

272 km

En route vers Hay River, faites halte à l'historique Fort Resolution, qui borde le Great Slave Lake. Il s'agit de la plus vieille communauté des Territoires du Nord-Ouest. Parcourez la ville de Hay River à pied, puis découvrez le Great Slave Lake, le lac le plus profond d'Amérique du Nord. Si le ciel est dégagé, vous pourrez peut-être aussi observer des aurores boréales.

Jour 8

Hay River – Yellowknife

481 km

Faites route vers Yellowknife, la capitale des Territoires du Nord-Ouest. Il vaut la

Un kayakiste sur le Great Slave Lake, à Yellowknife

peine d'arrêter au village de Kakisa, situé à l'entrée du parc territorial des chutes Lady Evelyn, avant d'arriver à destination.

Jours 9 et 10

Yellowknife

À Yellowknife, apprenez à connaître la fascinante histoire et les diverses cultures autochtones des Territoires du Nord-Ouest. Visitez l'Assemblée législative, qui a la forme traditionnelle d'un igloo, et le centre patrimonial septentrional Prince-de-Galles. Faites ensuite une excursion jusqu'aux chutes Cameron et goûtez à ce paysage d'une exceptionnelle beauté. Terminez votre aventure par un souper-croisière sur la baie de Yellowknife.

L'Alberta à la carte

Superficie : 660 000 km²

Population : 4 000 000 d'habitants

Densité : 6,7 hab./km²

Capitale : Edmonton

Villes importantes :
Calgary (1 150 000 hab.),
Edmonton (815 000 hab.),
Red Deer (95 000 hab.),
Lethbridge (90 000 hab.)

Un plat : Le steak de bœuf de l'Alberta, bien sûr !

Quelques airs à écouter sur la route :
Both Sides Now, de Joni Mitchell ; *The Valley*, de k.d. lang ; *Northern Girl*, de Terri Clark.

Les Territoires du Nord-Ouest à la carte

Superficie : 1 180 000 km²

Population : 43 600 habitants

Densité : 27,1 hab./km²

Capitale : Yellowknife

Villes importantes :
Yellowknife (19 200 hab.),
Hay River (3 606 hab.)

Quand y aller?
C'est durant l'été, de juin à septembre, que la température est la plus clémente et que l'exploration de ces territoires nordiques est la plus agréable.

Paysage du Yukon

11 jours

De Dawson City à Whitehorse

Pour qui? Pourquoi?

Pour ceux qui rêvent de voir la faune arctique et des glaciers, ainsi que d'en connaître davantage sur la Ruée vers l'or.

Inoubliable...

- *Découvrir des paysages spectaculaires constitués de forêts interminables, d'impressionnantes chutes d'eau et de fjords escarpés.*
- *Faire une randonnée en traîneau à chiens.*
- *Observer des glaciers de couleur bleue translucide.*

Splendeurs du Yukon et de l'Alaska

Les vestiges de la Ruée vers l'or font du Yukon et de l'Alaska les symboles de la conquête de la « Dernière Frontière ». Chaque jour, vous pourrez découvrir une partie de l'univers particulier des chercheurs d'or. Terres de l'extrême au décor naturel somptueux composé de glaciers cristallins, de sommets enneigés, de végétation alpine et arctique, le Yukon et l'Alaska comptent parmi les dernières étendues sauvages du monde. Laissez-vous transporter dans ce monde différent, au paysage saisissant où l'immensité des glaciers vous impressionnera.

La Top of the World Highway

Un pygargue à tête blanche

Un caribou

Itinéraire

Jours 1 et 2

Dawson City

Partez à la découverte de Dawson City et des lieux historiques nationaux du Klondike qui commémorent la Ruée vers l'or. La découverte d'or dans un affluent de la rivière Klondike en 1896 déclencha la plus importante ruée vers l'or de l'histoire du Canada. Poursuivez cette remontée du temps par la visite de la drague nº 4, où vous aurez l'occasion d'admirer la plus grande drague à coque en bois et la plus longue chaîne de godets à or de toute l'Amérique du Nord.

Jour 3

Dawson City – Tok

298 km

Faites route vers Tok par la spectaculaire Top of the World Highway. En cours de route, vous passerez la frontière des États-Unis et entrerez en Alaska. Faites un arrêt à Chicken, un village historique. Arrivée à Tok en fin d'après-midi.

Jour 4

Tok – Valdez **408 km**

Prenez la route en direction de Valdez, surnommée la « petite Suisse de l'Alaska ». Longez le parc national Wrangell-St. Elias et ses sommets qui atteignent plus de 3 000 m. Après le village de Glenallen, descendez vers Valdez. En route vers Valdez, découvrez le glacier Worthington, qui s'étire jusqu'à la route, ainsi que les chutes Bridal Veil.

Jour 5

Valdez – Whittier – Seward **143 km**

Tôt ce matin, embarquez à bord du M/V *Bartlett* pour la traversée du Prince William Sound de Valdez à Whittier (durée 6h30). Cette traversée vous émerveillera avec ses paysages spectaculaires. Vous longerez le terminal du Trans-Alaska Pipeline, puis aurez l'occasion d'apercevoir le glacier Columbia. Il n'est pas rare d'observer une faune marine abondante dans cette région. À votre arrivée au port de Whittier, suivez la route panoramique qui mène à Seward, située dans la baie de la Résurrection.

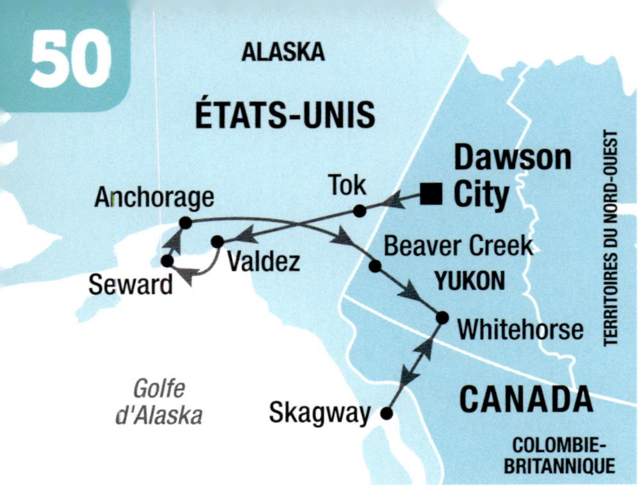

Le glacier Matanuska

L'Alaska SeaLife Center, à Seward

Votre guide : **Michel Vaillancourt** (voir p. 201)

Son coup de cœur :
La ville de Dawson City, au Yukon

La ville de Dawson City nous ramène en 1896, époque du Klondike, avec ses maisons anciennes et ses trottoirs en bois. C'est une ville paisible sur les bords du fleuve Yukon, au pied du Midnight Dome, cette colline d'où on peut admirer le soleil de minuit au solstice d'été. Aussi, l'arrivée en Alaska par la Top of the World Highway, est un événement en soi ! Chicken, le premier village qu'on rencontre sur cette route, étonne par son isolement et est peuplé d'une centaine de personnes seulement, totalement isolées en hiver. Il n'est pas rare de voir encore de nos jours des chercheurs d'or, en solitaire ou en famille, s'activer sur le bord d'une rivière. Définitivement, l'Alaska et le Yukon demeurent des destinations exceptionnelles pour un voyage hors des sentiers battus.

Jour 6

Seward

Commencez la journée par la visite du fameux Alaska SeaLife Center, merveilleux « musée vivant » de la mer. Puis, embarquez-vous pour une superbe croisière d'une durée d'environ 6h30 durant laquelle un dîner vous sera servi. C'est l'occasion unique de découvrir les splendeurs du parc national des Fjords de Kenai, d'une superficie de 245 000 ha. La vie marine se fera compagne de votre croisière, de même que des paysages à couper le souffle !

Jour 7

Seward – Anchorage

204 km

Prenez la route panoramique qui vous mènera à Anchorage. Tout au long du trajet, admirez d'autres beautés naturelles du centre-sud de l'Alaska, tel le glacier Exit. Vous arriverez à Anchorage après avoir longé le superbe bras de mer Turnagain. Visitez l'Alaska Native Heritage Center, où vous pourrez découvrir la culture et l'histoire des Premières Nations de l'Alaska.

Jour 8

Anchorage – Beaver Creek **688 km**

Départ pour Beaver Creek. Traversez la riche vallée agricole de la Matanuska et contemplez le glacier du même nom. Tout au long de la journée, vous apercevrez

Coucher de soleil en Alaska

des sommets enneigés. Vous longerez pour une deuxième fois le parc national Wrangell-St. Elias.

Jour 9

Beaver Creek – Whitehorse 446 km

Faites route en direction de Whitehorse. La route de l'Alaska serpente dans une vallée de glaciers où la vaste forêt du Yukon méridional, les magnifiques montagnes St. Elias et les lacs pittoresques comme le lac Kluane sauront vous surprendre encore à chaque détour. Arrêtez-vous au centre d'accueil des visiteurs du parc national Kluane, lequel abrite le mont Logan, le sommet le plus élevé du Canada.

Jour 10

Whitehorse – Skagway

176 km

Rendez-vous dans la petite ville historique de Skagway, en Alaska. Visitez une reconstitution d'un camp de minier du début du XXe siècle. Par la suite, faites une promenade dans le quartier historique à travers 15 bâtiments de l'époque de la Ruée vers l'or.

Jour 11

Skagway – Whitehorse

176 km

Départ pour Carcross, au carrefour des lacs Bennett et Nares, lieu saisonnier des camps de chasse. Arrêtez-vous au centre d'interprétation du Miles Canyon. Profitez d'une croisière sur le MV *Schwatka* pour naviguer dans ce canyon le long du fleuve Yukon. Arrivée en fin de journée à Whitehorse.

Le Yukon à la carte

Superficie: 483 450 km^2

Population: 35 500 habitants

Densité: 13,6 hab./km^2

Capitale: Whitehorse

Villes importantes: Whitehorse (28 000 hab.), Dawson City (1 300 hab.)

Un totem de l'île de Vancouver

Les itinéraires décrits dans ce livre ont été conçus grâce à l'expertise des membres de l'équipe du voyagiste Tours Chanteclerc. Parmi ceux-ci, certains guides-accompagnateurs vous ont fait part de leurs coups de cœur personnels au fil des pages.

Nous vous présentons ici quelques-uns d'entre eux.

Luc de Bellefeuille

Diplômé en gestion et en marketing, Luc a longtemps été chargé de cours dans des domaines de gestion autant que dans le tourisme. Il est aujourd'hui vice-président communications de la Corporation des guides accompagnateurs du Québec et il se passionne pour le voyage. Tant dans ses loisirs qu'à titre de guide-accompagnateur, simplement en Nouvelle-Écosse, il estime y avoir réalisé plus de 150 circuits. C'est un témoignage éloquent de son admiration, de sa dévotion et de son amour pour le territoire et pour nos voisins du Canada atlantique.

André Jolin

Diplômé en pédagogie, en études classiques, en géographie et en gestion de groupe, André s'est bien outillé pour répondre aux exigences des groupes qu'il guide partout au Canada, mais également dans le nord-est des États-Unis, en plus de la Floride, de la Californie et de Chicago. Au fil des années et des pays visités, André a accumulé énormément de connaissances, qu'il transmet bien volontiers à ses groupes.

Bruno Lecot

Après plus de 30 ans d'expérience dans le domaine de l'éducation, Bruno sait comment transmettre son savoir à ses groupes. Il a même participé à l'ouverture d'une école en Guinée. Son expérience à titre de guide-accompagnateur n'est pas non plus à négliger. Depuis 1975, il se spécialise dans les circuits organisés tant dans l'Ouest américain et canadien qu'en Ontario et dans les provinces maritimes.

Alain Scherer

Né à Paris en 1960, Alain a voyagé à travers le monde avant de s'établir à Montréal, au Québec. Il est touche-à-tout, avec ses formations en mécanique automobile et comme agent d'immeubles. Ayant guidé des groupes sur des circuits au Québec, en Alberta, au Nouveau-Brunswick et aussi bien dans l'est que dans l'ouest des États-Unis, Alain est passionné par toutes les facettes de l'Amérique du Nord.

Michel Vaillancourt

Né au Lac-Saint-Jean, Michel Vaillancourt a un parcours varié tant au niveau des études que du travail. Ses expériences l'auront mené de la restauration à l'enseignement du français, mais aussi à parcourir l'Amérique du Nord, du nord au sud et d'est en ouest, en tant que guide-accompagnateur. Que ce soit la Californie, l'Ouest canadien, la Louisiane ou Terre-Neuve, l'Amérique du Nord n'a plus de secret pour lui !

Crédits photographiques *Par ordre d'apparition, de gauche à droite et de bas en haut*

Page 3 © Dreamstime.com/Lunamarina • **Pages 6-7** © Dreamstime.com/Nelugo • **Page 8** © Dreamstime.com/Franky • **Pages 10-11** © iStockphoto.com/Scott_Walton • **Pages 12-13** © Dreamstime.com/Brian Welker • **1 Au rythme du Mississippi** © iStockphoto.com/SeanPavonePhoto, Dreamstime.com/Rick Lord, Dreamstime.com/Ewa Mazur, Dreamstime.com/Martin Haas, Dreamstime.com/Blaircwh, © iStockphoto.com/lightphoto, Dreamstime.com/Anne Power • **2 La mythique Route 66** © Dreamstime.com/Andrey Bayda, Dreamstime.com/Rudi1976, Dreamstime.com/Glenn Nagel, Dreamstime.com/Lunamarina, Dreamstime.com/Nicknickko, Dreamstime.com/David Kelly, Dreamstime.com/James Steidl, Dreamstime.com/Christophe Testi • **3 La Côte Est américaine** © Dreamstime.com/Alexander Demyanenko, Dreamstime.com/Mark Burch, Dreamstime.com/Songquan Deng, Dreamstime.com/Chee-onn Leong, Dreamstime.com/Hblamb, Dreamstime.com/Valentin Armianu, © iStockphoto.com/crowman, Dreamstime.com/Tom Hirtreiter • **4 La traversée du Canada** © iStockphoto.com/ImagineGolf, Dreamstime.com/Louis Henault, Dreamstime.com/Vlad Podkhlebnik, Dreamstime.com/Chris Hill, Dreamstime.com/Tulipmix, Dreamstime.com/Songquan Deng, Dreamstime.com/Mike Clime, Dreamstime.com/Bryan Sikora, Dreamstime.com/Fpro, Dreamstime.com/Steve Estvanik, Dreamstime.com/Timothy Stirling, Dreamstime.com/William Manning, Dreamstime.com/Alexandre Fagundes De Fagundes, Dreamstime.com/Ian Wilson • **5 L'Ontario et le Québec** © iStockphoto.com/Scoast, Dreamstime.com/Photawa, Dreamstime.com/Elena Elisseeva, Dreamstime.com/Rorem, Dreamstime.com/Cinzia8, Dreamstime.com/Songquan Deng, Dreamstime.com/Philippehalle, Dreamstime.com/Natalia Pushchina • **Pages 36-37** © Dreamstime.com/Aaron West • **6 Boston et les châteaux de la Nouvelle-Angleterre** © Dreamstime.com/Chee-onn Leong, © Dreamstime.com/Wangkun Jia, © Dreamstime.com/Ritu Jethani, © Dreamstime.com/Yosef Erpert, © Dreamstime.com/Krylon80, © Dreamstime.com/Christopher Bradshaw, © Dreamstime.com/Christopher Seufert • **7 Vermont, New Hampshire et New York: Les mystères de la nature** © Dreamstime.com/Donland, © Dreamstime.com/Newport287, © Dreamstime.com/Aivoges, © Dreamstime.com/Christian Delbert, © Dreamstime.com/Vikas Garg, © Dreamstime.com/Pltphotography, © Dreamstime.com/Liz Van Steenburgh • **8 Escapade à New York** © Dreamstime.com/Eddie Toro, © Dreamstime.com/Leo Bruce Hempell • **9 Philadelphie et les Amish** © Dreamstime.com/F11photo, © Dreamstime.com/Delmas Lehman • **10 Escapade à Washington** © Dreamstime.com/F11photo, © Dreamstime.com/Camrocker • **Pages 52-53** © Dreamstime.com/Brian Matthias • **11 Les Maritimes** © Dreamstime.com/Verena Matthew, © Dreamstime.com/Stephenmeese, © Dreamstime.com/Sorin Alb, © Dreamstime.com/Verena Matthew, © Dreamstime.com/Verena Matthew, © Dreamstime.com/Verena Matthew, © Dreamstime.com/Bonnie Fink • **12 La route celtique** © Dreamstime.com/Louise Rivard, © iStockphoto.com/Gannet77, © Dreamstime.com/Rik Trottier, © Dreamstime.com/Benny Lin, © Dreamstime.com/Natalia Bratslavsky, © Dreamstime.com/Miguel Angel Morales Hermo, © Dreamstime.com/Len Green, © Dreamstime.com/Anne M. Fearon-wood • **13 Sur les traces des Acadiens** © Dreamstime.com/Anne M. Fearon-wood, © Dreamstime.com/Vlad Podkhlebnik, © Dreamstime.com/Verena Matthew • **14 Terre-Neuve, Labrador et Saint-Pierre-et-Miquelon** © Dreamstime.com/Alexandar Iotzov, © Dreamstime.com/Photawa, © Dreamstime.com/Elena Elisseeva, © Dreamstime.com/Verena Matthew, © Dreamstime.com/Louis Henault, © Dreamstime.com/Tom Eagan, © Dreamstime.com/Colin Young • **Pages 68-69** © Dreamstime.com/Aivoges • **15 Le Saguenay-Lac-Saint-Jean, Charlevoix et la Côte-Nord** © iStockphoto.com/MmeEmil, Dreamstime.com/Philippehalle, Dreamstime.com/Philippehalle, Dreamstime.com/Anouk Stricher, Thierry Ducharme, Dreamstime.com/Mircea Costina, Mathieu Dupuis • **16 Escapade à Montréal** © iStockphoto.com/Pgiam, © Dreamstime.com/Elena Elisseeva, © iStockphoto.com/Arpad Benedek, © iStockphoto.com/cotesebastien • **17 Escapade dans les Laurentides** © iStockphoto.com/Vladone, © Dreamstime.com/Misscanon, © Dreamstime.com/Misscanon, © Dreamstime.com/Le Cong Duc Dao • **18 Saveurs et paysages des Cantons-de-l'Est** © Alamy.com/Megapress, © Dreamstime.com/Rosamund Parkinson, © Dreamstime.com/Thorvis, © iStockphoto.com/MayaCom • **19 Escapade à Québec** © iStockphoto.com/compassandcamera, © Dreamstime.com/Martine Oger, © Dreamstime.com/Martinmark, © Dreamstime.com/Songquan Deng • **20 La Gaspésie** © iStockphoto.com/MmeEmil, © iStockphoto.com/aetb, © Dreamstime.com/Elliotte Harold, © Dreamstime.com/Benoit Daoust, © Dreamstime.com/Francois Lariviere, © Dreamstime.com/Daniel Zuckerkandel, © iStockphoto.com/Michael Westhoff, © iStockphoto.com/Vladone • **21 Les Îles de la Madeleine** © Dreamstime.com/Craig Doros, © Dreamstime.com/Melanie Crete, © Alamy.com/imageBROKER • **Pages 88-89** © Dreamstime.com/Oceanfishing • **22 Escapade à Niagara Falls** © Dreamstime.com/Songquan Deng, © Dreamstime.com/Ian Whitworth • **23 Escapade à Toronto** © Dreamstime.com/Jeremieleblond, © Dreamstime.com/Helgidinson, © Dreamstime.com/Songquan Deng, © Dreamstime.com/Captblack76 • **24 La baie Georgienne** © Dreamstime.com/Elena Elisseeva, © Dreamstime.com/Christopher Meder, © Dreamstime.com/Neal Mutiger, © Dreamstime.com/Donaldford, © Dreamstime.com/Aqnus Febriyant, © Dreamstime.com/Craig Sterken, © Dreamstime.com/Justinhoffmanoutdoors, © Dreamstime.com/Aivoges • **25 Escapade à Ottawa** © Dreamstime.com/Steve Kingsman, © Dreamstime.com/Howard Sandler, © Dreamstime.com/Intoit, © Dreamstime.com/Photawa • **26 Escapade dans les Mille-Îles** © Dreamstime.com/Lucy Cherniak, © Dreamstime.com/Ritu Jethani, © Dreamstime.com/Manon Ringuette, © Dreamstime.com/Ritu Jethani • **27 Winnipeg et les ours polaires** © Dreamstime.com/Silvershot55, © Dreamstime.com/Mike Rogal, © Dreamstime.com/Bwild, © Dreamstime.com/Mike Rogal, © iStockphoto.com/waterotter, © Dreamstime.com/Steven Blandin, © iStockphoto.com/jimkruger, © Dreamstime.com/Chbaum • **Pages 106-107** © Dreamstime.com/Maxym022 • **28 Escapade à Chicago** © Dreamstime.com/Andrey Bayda, © Dreamstime.com/Henrik Støvring • **29 Sur les traces de Mark Twain** © Dreamstime.com/Alex Grichenko, © Alamy.com/John Elk III, © Dreamstime.com/Gregg Williams, © Dreamstime.com/Dannymeehan, © Dreamstime.com/Randy Mckown, © iStockphoto.com/Kenneth Wiedemann, © Alamy.com/Ian Dagnall, © iStockphoto.com/Davel5957 • **Pages 114-115** © Dreamstime.com/Aaron West • **30 La Louisiane** © Dreamstime.com/Anne Power, © Dreamstime.com/Diane Uhley, © Dreamstime.com/Samuel Strickler, © Dreamstime.com/Lenspixels, © iStockphoto.com/Peter Burnett, © Dreamstime.com/Ed Metz, © Dreamstime.com/Anton Foltin • **31 Aventure texane** © Dreamstime.com/John Gowling, © Dreamstime.com/Anthony Aneese Totah Jr, © Dreamstime.com/Chrisdodutch, © Dreamstime.com/Bonnie Avonrude, © Dreamstime.com/Onyonet, © Dreamstime.com/Deborah Dixon, © Dreamstime.com/Kevin Tietz, © Dreamstime.com/Demerzel21, © Dreamstime.com/Valentin Armianu • **32 Le Tennessee et les Smoky Mountains** © Dreamstime.com/Dean Pennala, © Dreamstime.com/Dave Newman, © Dreamstime.com/Cheryl Quigley, © Dreamstime.com/Benkrut, © Dreamstime.com/Jerry Whaley, © Dreamstime.com/Amanda Melones, © Dreamstime.com/Sean Pavone • **33 Le grand tour de la Floride** © Dreamstime.com/Jorg Hackemann, © Dreamstime.com/Sherry Yates, © Dreamstime.com/Lisa F. Young, © Dreamstime.com/Worachatsodsri, © Dreamstime.com/Steveheap, © Dreamstime.com/Hsantiago982, © Dreamstime.com/Daniel Korzeniewski, © Dreamstime.com/Eniko Balogh, © Dreamstime.com/Robert Zehetmayer • **34 Le charme du Vieux Sud** © Dreamstime.com/Fotoluminate, © Dreamstime.com/Fotoluminate, © Dreamstime.com/Ken Cole, © Dreamstime.com/Donna Underwood, © Dreamstime.com/Fotoluminate, © Dreamstime.com/Natalia Bratslavsky, © Dreamstime.com/Cia Pix • **Pages 136-137** © Dreamstime.com/Zhuxi1984 • **35 Grand tour de l'Ouest** © iStockphoto.com/tonda, © iStockphoto.com/liteserv, © iStockphoto.com/Natalia Bratslavsky, © Dreamstime.com/Prochasson Frederic, © Dreamstime.com/Kaye Eileen Oberstar, © Dreamstime.com/Peter.wey, © iStockphoto.com/Vladone, © iStockphoto.com/lucamoi • **36 Les parcs nationaux américains** © iStockphoto.com/IlexImage, © iStockphoto.com/c8501089, © iStockphoto.com/IngaL, © Dreamstime.com/, © iStockphoto.com/JREden, © iStockphoto.com/ventdusud, © Dreamstime.com/Beatrice Preve • **37 Les Rocheuses américaines** © Dreamstime.com/Jerryway, © iStockphoto.com/sekernas, © Dreamstime.com/Minyun Zhou, © Dreamstime.com/Bonnie Avonrude, © Dreamstime.com/Sdbower, © iStockphoto.com/Scott_Walton, © iStockphoto.com/DJ_38, © iStockphoto.com/BigshotD3 • **38 L'Ouest sauvage** © iStockphoto.com/AlbertPego, © iStockphoto.com/John_Brueske, © iStockphoto.com/woodStockimages, © iStockphoto.com/Mcelroyart, © iStockphoto.com/milehightraveler, © Dreamstime.com/Lev Akhsanov, © Dreamstime.com/Lorcel G • **39 Escapade à Las Vegas** © Dreamstime.com/, © Dreamstime.com/Americanspirit, © iStockphoto.com/archives, © Dreamstime.com/Wpd911 • **40 L'Arizona et le Nouveau-Mexique** © Dreamstime.com/James Feliciano, © Dreamstime.com/Mariusz Jurgielewicz, © Dreamstime.com/David Smith, © Dreamstime.com/Vladislav Gajic, © Dreamstime.com/Kennethchern, © Dreamstime.com/Twildlife, © iStockphoto.com/Davel5957 • **41 San Francisco et les vignobles californiens** © Dreamstime.com/Daria Angelova, © iStockphoto.com/elf0724, © Dreamstime.com/Ron Kacmarcik, © iStockphoto.com/coleong, © Dreamstime.com/Maura Reap, © Dreamstime.com/Mariusz Blach, © Dreamstime.com/Kalyan V Srinivas, © Dreamstime.com/Larry Gevert • **42 La côte californienne** © Dreamstime.com/Adeliepenguin, © Dreamstime.com/Foster Eubank, © iStockphoto.com/jewhyte, © iStockphoto.com/RalphDCurtin, © Dreamstime.com/Derek Gordon, © Dreamstime.com/Photoquest, © Dreamstime.com/Carolyn Seelen, © Dreamstime.com/Namolik • **43 La côte du Pacifique** © Dreamstime.com/Joe Klune, © iStockphoto.com/nickrlake, Dreamstime.com/Dhilde, © iStockphoto.com/ivanastar, Dreamstime.com/Crackerclips, Dreamstime.com/Jesse Kraft, © iStockphoto.com/photoquest7 • **44 Alaska, la route du Nord** © iStockphoto.com/earleliason, Dreamstime.com/Walter Quirtmair, © iStockphoto.com/Lynn_Bystrom, © iStockphoto.com/fallbrook, © iStockphoto.com/mscornelius, © iStockphoto.com/joka2000, © Dreamstime.com/Jerryway • **45 Splendeurs d'Hawaii** © Dreamstime.com/Tomas Del Amo, © Dreamstime.com/Dejan Stanisavljevic, © iStockphoto.com/trubavin, © iStockphoto.com/demerzel21, © Dreamstime.com/Pindiyath100, © Dreamstime.com/Durdenimages, © Dreamstime.com/Lorcel G, © Dreamstime.com/Martinmark, © Dreamstime.com/Deborah Kolb • **Pages 180-181** © Dreamstime.com/Eddygaleotti • **46 À la découverte de l'Ouest canadien** © Dreamstime.com/Brandon Smith, © Dreamstime.com/Brandon Smith, © Dreamstime.com/Fallsview, © Dreamstime.com/Vinay Bavdekar, © Dreamstime.com/Brandon Smith, © Dreamstime.com/Jason P Ross, © Dreamstime.com/Lzanbar, © Dreamstime.com/Hdsidesign • **47 Escapade à Vancouver** © Dreamstime.com/Dan Breckwoldt, © Dreamstime.com/Valentin Armianu • **48 La route des totems** © Dreamstime.com/Gary718, © Dreamstime.com/Konstantin Androsov, © Dreamstime.com/Videowokart, © iStockphoto.com/Gord Horne, © Dreamstime.com/Fallsview, © Dreamstime.com/Jason Cheever, © Dreamstime.com/Alexandre Fagundes De Fagundes, © Dreamstime.com/Fallsview • **49 Edmonton et les Territoires du Nord-Ouest** © Dreamstime.com/Jason Kasumovic, © Dreamstime.com/Fallsview, © Dreamstime.com/Fallsview, © Alamy.com/Radius Images, © Dreamstime.com/Northof60, © Dreamstime.com/Neil Speers, © Dreamstime.com/Stephan Pietzko, © iStockphoto.com/RyersonClark • **50 Splendeurs du Yukon et de l'Alaska** © Dreamstime.com/Stephan Pietzko, © Dreamstime.com/Jmaentz, © Dreamstime.com/Michele Cornelius, © Dreamstime.com/Vanessa Gifford, © Dreamstime.com/Lawrence Weslowski Jr, © Dreamstime.com/Josefhanus, © Dreamstime.com/Cnaene, © Dreamstime.com/Roman Krochuk • **Page 200** © Dreamstime.com/Eddydegroot • **Page 203** © iStockphoto.com/SeanPavonePhoto • **Pages 204-205** © Dreamstime.com/Goldencow • **Pages 206-207** © Dreamstime.com/Cnaene • **Page 208** © iStockphoto.com/Squiddly.

New York

Index

Le parc national de Jasper, en Alberta

Une aurore boréale en Alaska

L'île Bonaventure et le rocher Percé, au Québec